Masaru Emoto

Die Antwort des Wassers

AF186529

Masaru Emoto

Die Antwort des Wassers

Band 1

"MIZU WA KOTAE WO SHITTEIRU" by Masaru Emoto
Copyright © 2001 by Masaru Emoto
Original Japanese edition published by
Sunmark Publishing Inc., Tokio, Japan
German translation rights arranged with
Sunmark Publishing Inc. Tokio through
InterRights Inc. Tokio

Aus dem Japanischen von Dr. Monika Wacker
Deutsche Ausgabe: © KOHA-Verlag GmbH Dorfen
Alle Rechte vorbehalten – 5. Auflage 2025
Lektorat: Delia Rösel
Gesamtherstellung: Karin Schnellbach
Druck: CPI, Moravia
ISBN 978-3-86728-145-4

Koha-Verlag GmbH, St. Sebastian 13, 84405 Dorfen
info@koha-verlag.de, www.koha-verlag.de

Inhalt

Vorwort

Ich bin Wasserwissenschaftler und habe seit vielen Jahren mit Hilfe von Schwingungsmessungen das Wasser erforscht. Doch vor acht Jahren habe ich einen völlig neuen Ansatz gefunden: Ich gefriere das Wasser und fotografiere dann die so entstandenen Wasserkristalle. Seit ich diese neuartige Technik benütze, hat mir das Wasser die verschiedensten Aspekte und Gesichter gezeigt. Die Fotografien der Wasserkristalle haben uns viele Botschaften übermittelt. Zu Beginn haben wir Leitungswasser aus diversen Städten fotografiert, dann gingen wir dazu über, natürliches Wasser verschiedenen Ursprungs aufzunehmen. Im Vergleich zu den Bildern, die wir vom Leitungswasser erhielten, sind diese Fotografien wirklich wunderschön, kristallin geformt. Weitere herrliche Bilder erhielten wir, als wir destilliertem Wasser gute, vorwiegend klassische Musik vorspielten. Wirklich frappierend waren die Ergebnisse, als wir das Wasser mit Worten »impften«. Auf die Worte »Danke« und »Dummkopf« reagierte es jeweils völlig unterschiedlich.

Dies ist so klar und deutlich und gibt uns eindeutige Hinweise darauf, wie wir Menschen leben sollten.

Im Juni 1999 habe ich diese Wasserkristall-Fotografien in einem Bildband zusammengetragen und veröffentlicht (»Messages of the Water«, Hado Kyoikusha). Dieser Bildband aus einem kleinen Verlag lag nicht in den gewöhnlichen Buchläden aus, sondern wurde über einen eigenen Vertriebsweg verkauft. Trotzdem wurde er nur allein durch Mundpropaganda ein großer Bestseller, was sehr ungewöhnlich ist. Für diesen unerwarteten Erfolg bin ich zutiefst dankbar und möchte mich, auch wenn es etwas pathetisch klingt, vor all denen verneigen, die das Buch an den verschiedensten Orten bekannt gemacht und vertrieben haben. Da es mir ein Bedürfnis war, diese Botschaft möglichst vielen Menschen zugänglich zu machen, habe ich allen erklärenden Texten eine englische Übersetzung beigefügt. Das hatte zur Folge, dass es auch im Ausland viel Beachtung fand und so wurde ich zu Vortragsreisen in viele Länder, besonders auch in die Schweiz eingeladen.

Es ist mir klar, dass die Zeit dafür reif war, die Wasserkristallfotografien und ihre Botschaften in die Welt hinauszutragen und dass wir es dieser Zeitqualität zu verdanken haben, dass sie von so vielen Menschen offen aufgenommen wurden.

Ich danke den Gottheiten dafür und besonders dafür, dass ich zu dieser Arbeit berufen wurde. Ich habe hier das Wort »Gottheiten« benutzt, dabei spielt doch das Wasser in diesem Buch die Hauptrolle. Aber wenn Sie die Bilder betrachten, werden Sie, so wie ich, zu der Einsicht gelangen: Je mehr man vom Wasser versteht, desto weniger kann man die Existenz von Gottheiten leugnen.

Ich habe versucht, die geheimnisvollen Dinge, die mich das Wasser gelehrt hat, in diesem Buch darzustellen und auch auf die Schwingungslehre, die ich in den vergangenen zehn Jahren studiert habe, einzugehen. Ebenso beschreibe ich das besondere Menschenbild, zu dem ich aufgrund meiner Erfahrungen gefunden habe sowie meine Theorie des Universums.

Ich bitte Sie alle, meine sehr geehrten Leserinnen und Leser, mir Ihre Meinung offen mitzuteilen.

Allen Lesern dieses Buches möchte ich meinen Dank und meine Liebe aussprechen (diese beiden Worte: Dank und Liebe haben eine besondere Bedeutung, wie Sie im weiteren Verlauf des Buches erkennen werden).

Und ganz besonders möchte ich allen Gewässern dieses Universums meinen Dank und meine Verehrung ausdrücken. Vielen Dank!

Vorwort zur deutschsprachigen Ausgabe

Dieses Buch »Die Antwort des Wassers« wurde im November 2001 auf Anfrage des japanischen Verlages Sunmark geschrieben. In meinem derzeit auf der ganzen Welt Beachtung findenden Bildband »Die Botschaft des Wassers« hatte ich mich absichtlich darauf beschränkt, ganz nüchtern nur die tatsächlichen Zusammenhänge zu übermitteln, ohne meine eigene Philosophie darzulegen. Ich wollte die freien Gedanken und Gefühle der Leser respektieren.

Aber es ist nur natürlich, dass ich aus den Ergebnissen der Versuche von acht langen Jahren vieles gelernt habe und zu völlig neuen Vorstellungen gekommen bin. Nun, ich habe tatsächlich Verschiedenes vom Wasser gelernt. Das hat meine Lebensanschauung neu strukturiert, und ich habe eine bisher von niemand anderem gelehrte Anschauung des Universums entwickelt.

Diese Gedanken habe ich hier dargelegt. Dank meinen Lesern ist dieses Buch in Japan gut aufgenommen und ein Bestseller geworden. Nun wird es mit Hilfe von Herrn Konrad Halbig vom KOHA-Verlag auf Deutsch veröffentlicht, und ich freue mich sehr darüber, da ich mir ja wünsche, dass es zusammen mit »Die Botschaft des Wassers« von den Menschen in aller Welt gelesen wird. Da ich auch neue Kristallfotografien vorstelle, die nicht im Bildband enthalten sind, wünsche ich Ihnen eine angenehme Reise in die »Welt des Wassers und des Universums«.

In Liebe und Dankbarkeit

Masaru Emoto
Juni 2002

Prolog

Wie geht es Ihnen?

Ja, ich meine Sie, die Sie eben dieses Buch zur Hand genommen haben: Wie geht es Ihnen? Oder einfacher gefragt: Sind Sie glücklich?

Ich bin mir natürlich darüber im Klaren, dass das Glück für jeden eine andere Form annimmt, doch wenn wir mal als gemeinsamen Nenner annehmen, dass Glück bedeutet, dass die Seele Frieden gefunden hat, dass die Zukunft nicht bedroht ist und dass man fröhlich leben kann – könnten Sie unter diesen Voraussetzungen wohl sagen, dass Sie glücklich sind?

Würden nicht die meisten Menschen diese Frage nur mit einem Achselzucken beantworten?

In Wirklichkeit sind sehr viele Menschen nicht von ihrem Lebensstil überzeugt. Was ist es, worunter wir leiden? Was passiert in dieser Welt?

Für mich sieht die Gegenwart wie ein »Zeitalter des Chaos« aus. Chaos ist Unordnung. Es ist die schlammige Unordnung jener Zeit, bevor das Universum entstand.

Der Alltag raubt uns die letzten Kräfte; Zeitungen und Fernsehen überfluten uns mit Informationen; am Arbeitsplatz sind Probleme und Missverständnisse an der Tagesordnung. Wohin wir uns auch wenden, überall sind wir Umständen ausgesetzt, die uns Leid verursachen.

Schauen wir uns in der Welt um, überall ist es das Gleiche. Streit und Kampf in der Wirtschaft; Bürgerkriege; Glaubenskriege; Rassendiskriminierung; Umweltprobleme. Anscheinend gibt es auf dieser Welt Probleme in Hülle und Fülle. Und dann werden diese schlechten Nachrichten auch noch innerhalb weniger Sekunden in alle Länder rund um den Globus verbreitet.

Menschen, die unter Problemen leiden und solche, die sich an diesem Anblick erfreuen; Unterdrückte und Ausgebeutete, Menschen, die immer reicher werden und solche, die unter Armut leiden …

Was macht denn diese Welt so kompliziert? Sie wird immer mehr aufgespalten in immer kleinere Teile; sie wird immer schwieriger und bereitet uns auch Schwierigkeiten. Im Meer des Chaos werden wir am Fuß gepackt und immer tiefer hineingezogen. Jeder sucht in dieser schrecklichen Hölle nach Erlösung. Jeder verlangt nach einer Antwort. Jeder ist auf der endlosen Suche nach dem einen Wort, das die Welt erlöst, der einfachen und entscheidenden Antwort.

Warum haben wir dieses Chaos geschaffen? Und die Tendenz geht dabei – und das ist das größte Problem – in Richtung von mehr Spaltung, statt in Richtung von mehr Zusammenhalt.

Können wir daran etwas ändern? Womöglich nicht. Bedenken Sie: Auch wenn wir alle Menschen sind, so denken wir doch unterschiedlich, je nachdem, wo wir wohnen und welcher Rasse wir angehören. Je nach Hautfarbe, Brauchtum, Religion leben die Menschen dieser Erde auf sehr unterschiedliche Weise. Dazu kommt, dass sich fast alle Menschen schwer tun, etwas Fremdes anzunehmen. Deshalb gibt es so viele Probleme in der Welt und sie hören nicht auf. Wenn ich mir den Zustand der Welt unter diesen Voraussetzungen betrachte, dann muss ich sagen: Unter der Bedingung, dass Menschen eben Menschen sind, wird keine Lösungsstrategie entwickelt werden.

Doch damit landen wir wieder in einer Sackgasse. Unter diesem Blickwinkel finden wir keine Antwort auf unsere drängenden Fragen.

Gibt es denn eine einzige – und noch dazu einfache – Antwort, die für jeden Menschen auf dieser Erde passt und die jeder begreifen kann?

Eine solche Antwort möchte ich in diesem Buch geben und

zwar auf Grundlage der Tatsache, dass der menschliche Körper zu einem sehr großen Teil Wasser ist. Der erwachsene Mensch besteht zu etwa siebzig Prozent aus Wasser, im Embryonalstadium sogar bis zu neunundneunzig Prozent. Mit zunehmendem Alter sinkt der Wassergehalt ab, und wahrscheinlich besteht der Körper kurz vor dem Tod noch aus etwa fünfzig Prozent Wasser. Man kann also sagen, dass der Mensch sein ganzes Leben lang in der Form von Wasser lebt.

In materieller Hinsicht ist der Mensch im Wesentlichen Wasser. Und wenn ich diese Voraussetzungen noch einmal betrachte, stellt sich das oben beschriebene menschliche Dilemma doch ganz anders dar, und ich kann verschiedene Dinge gelassener sehen.

Zunächst einmal gilt diese Bedingung, dass der Mensch im Wesentlichen Wasser ist, für jede Rasse. Deshalb trifft auch das Folgende für die ganze Welt und jeden einzelnen Menschen zu. Somit weiß ich nun auch eine Antwort auf die Frage, wie denn die Menschen leben sollten. Was sollten wir tun, um ein glückliches und gesundes Leben zu führen? Am besten wäre es, kurz gesagt, das Wasser, aus dem wir zu siebzig Prozent bestehen, zu reinigen.

Schauen wir uns dazu das Wasser in der Natur an. Da die Flüsse fließen, sind sie selbst in der Lage, ihr Wasser rein zu halten. Aufgestaut zu werden und zu stocken bedeutet für Wasser den Tod. Also muss das Wasser in stetem Fluss bleiben.

Bei vielen Menschen, die gesundheitlich geschädigt sind, besteht das Problem darin, dass das Blut aufgestaut ist. Wenn der Fluss des Blutes aufgehalten wird, beginnt der Körper an dieser Stelle abzusterben. Wenn es sich um eine Ader im Gehirn handelt, ist das sogar lebensgefährlich. Warum wird der Fluss des Blutes gestaut? Es liegt vielleicht daran, dass die Gefühle nicht im Fluss sind. Es ist inzwischen sogar medizinisch erwiesen, dass der seelische Zustand einen großen Einfluss auf den Körper hat. Hat man Freude am Leben, dann wird auch die körperliche Verfassung besser; wenn man aber vor lauter Schwierigkeiten und Trauer ganz niedergeschlagen ist, ist die körperliche Verfassung auch nicht mehr die beste.

Wenn die Gefühle lebhaft fließen, ist jeder Mensch voller Glücksgefühle und auch der Körper wird gesund. Nicht stehen bleiben, sich nicht aufstauen, einfach im Fluss sein – das ist das Wichtigste für die Menschen.

Betrachten wir den Menschen unter dem Aspekt seiner Wassernatur, dann sind wir meiner Ansicht nach der Antwort auf die Frage, was denn der Mensch ist, ein Stück näher gekommen. Wenn wir das wirkliche Gesicht des Wassers kennen, kennen wir das Wesen des Menschen. Und dann löst sich auch das Rätsel, warum wir leben.

Nun, was ist denn Wasser überhaupt? Was kommt uns dabei als Erstes in den Sinn? Zunächst einmal denken wir daran, dass das Wasser Lebenskraft ist. Wenn ein Mensch mehr als fünfzig Prozent des Wassers verliert, kann er nicht mehr leben. Durch das Wasser nimmt der Mensch Nährstoffe auf, die dann durch das Blut und die Körperflüssigkeit im ganzen Körper verteilt werden. Dadurch, dass das Wasser im Körper fließt, ist aktives Leben möglich.

Der zweite wichtige Punkt ist: Das Wasser verbreitet Energie; es kann als Energieträger bezeichnet werden. Wasser als Energieträger kann auch als Güterzug durch den Körper betrachtet werden. Wenn die Waggons nicht sauber geputzt werden, der Abfall sich häuft und es schmutzig ist, wird auch die zu transportierende Fracht verunreinigt. Das Wasser muss also immer sauber sein.

Es ist schon seit Langem bekannt, dass das Wasser ein Energieträger ist, und dieses Wissen wird bereits bei der Heilung von Krankheiten eingesetzt. Eine besondere Stellung unter diesen Heilungsmethoden nimmt die Homöopathie ein.

Die Homöopathie wurde in der ersten Hälfte des 19. Jahrhunderts von dem deutschen Arzt Samuel Hahnemann entwickelt, aber ihr Ursprung ist viel älter. Bereits aus dem 5. bis 4. Jahrhundert vor Christus ist die gleiche Heilmethode von dem griechischen Arzt Hippokrates schriftlich überliefert. Kurz gesagt ist es die Methode, »Ähnliches mit Ähnlichem zu heilen« (Homöopathie) und Gift mit Gift zu neutralisieren (Isopathie).

Zum Beispiel kann man einen Menschen, der Symptome einer Bleivergiftung aufweist, heilen, wenn man ihm ein Wasser zu trinken gibt, in dem sich das gleiche Blei in 10 hoch minus 12facher bis 10 hoch minus 400facher Verdünnung »befindet« – das heißt, so stark verdünnt ist, dass auf materieller Ebene keine Bleimoleküle mehr vorhanden sind.

Bei einer derart starken Verdünnung verbleiben keine Moleküle des Stoffes mehr im Wasser, und doch haben wir eine für diesen Stoff spezifische Wirkung. Dieses Wasser wird zu einem Gegenmittel für Symptome, wie sie bei einer Bleivergiftung auftreten.

Bei den Heilmethoden der Homöopathie heißt es, dass mit zunehmender Verdünnung, man nennt dies Potenzierung, die Wirkungskraft zunimmt.

Das bedeutet, dass man nicht mehr mit der Wirkung der Materie eine Krankheit heilt, sondern dass die auf das Wasser übertragene Information die Information des Giftstoffes neutralisiert.

Man kann behaupten, dass Wasser Information übernimmt und diese dann speichert. Möglicherweise erinnert sich das Meereswasser an Geschichten aus dem Leben im Meer. Ein Gletscher schließt vielleicht die Millionen Jahre lange Geschichte des Erdballes in sich ein.

Wasser fließt um die Welt und wenn es unseren Körper verlässt, verbreitet es sich in die ganze Welt. Wenn man die Informationen lesen könnte, die das Wasser gespeichert hat, könnte man wohl sehen, dass dort ein grandioses Drama eingemeißelt ist.

Das Wasser zu kennen heißt, das Universum und die ganze Natur, das ganze Leben zu kennen.

Ich habe das Wasser lange Zeit studiert. Die Begegnung mit einem Apparat, mittels dessen man Information auf Wasser übertragen kann, hat mein Leben verändert. Ich fand diese Apparatur in Amerika, brachte als Erster eine solche nach Japan und entwickelte meine besondere Heilmethode, durch die mit Wasser, auf das Informationen übertragen worden waren, der Gesundheitszustand der Patienten verbessert wurde.

Viele Menschen kamen in meine Praxis und erlangten ihre Gesundheit wieder zurück. Aber die Ärzte interessierten sich in jener Zeit überhaupt nicht für die Tatsache, dass man mit Wasser allein den Körper stärken kann.

Es war und ist meine feste Überzeugung, dass Wasser Informationen speichert und sie trägt. Aber dies wurde von der Wissenschaft überhaupt nicht akzeptiert.

1987 hat der französische Chemiker Jacques Benveniste einen Versuch gemacht, der die Prinzipien der Homöopathie bestätigen sollte. Er verdünnte ein Medikament so weit mit Wasser, dass nach mathematischen Berechnungen keine Moleküle dieses Wirkstoffes mehr vorhanden gewesen sein konnten. Als er dann die Wirksamkeit des Medikamentes überprüfte, war diese überraschenderweise genauso hoch wie in einer starken Lösung.

Er schickte dieses Ergebnis an die englische Zeitschrift »Nature«, die den Artikel dann nach mehr als einem Jahr endlich veröffentlichte. Außerdem fügte sie noch den Kommentar an: »Dies ist unglaublich und entbehrt jeder physikalischen Grundlage.« Damit wurde die Theorie abgetan und so liegt sie auch heute noch begraben. Die Haltung der Wissenschaft gegenüber neuen Forschungen, die das bisherige Allgemeinwissen auf den Kopf stellen, ist im Großen und Ganzen üblicherweise so. Ich dachte also auch lange Zeit darüber nach, ob es nicht einen physikalischen Beweis dafür gäbe, dass Wasser Informationen speichert, und ob es nicht eine Möglichkeit gäbe, dies sichtbar zu machen. Wenn man die seelischen Antennen ausgefahren hat, kann man aus den kleinen Dingen, die man sonst übersieht, wertvolle Hinweise erhalten. Eines Tages, als ich absichtslos irgendein Buch aufschlug, sprang mir ein Untertitel in die Augen: »Es gibt keine zwei gleichen Schneekristalle.«

Das hatte ich schon als Kind in der Schule gelernt. Die Schneeflocken, die seit Millionen von Jahren auf die Erde fallen, haben jede ein anderes Aussehen. Aber nur in diesem Augenblick hatte dieser eine Satz eine ganz andere Bedeutung, die er meiner Seele mitteilte: »Ach so! Wenn man Wasser gefriert und dann die Kristalle betrachtet, dann wird es wohl ein ganz anderes Gesicht zeigen.«

Das war der Augenblick, in dem für mich ein neues Abenteuer begann. Ich hatte die Idee, Wasser zu gefrieren und dann zu versuchen, die Kristalle zu fotografieren.

Neue Erkenntnisse setze ich am liebsten gleich in die Tat um, sonst wird daraus nichts. Ich beauftragte also sofort einen jungen Forscher in meiner Firma, mit diesem Versuch zu beginnen, den vorher noch niemand unternommen hatte. Es gab auch keine Garantie, dass es funktionieren würde.

Nur, seltsamerweise war ich überzeugt davon, dass diese Theorie richtig war. Deshalb hatte ich eine starke Vorahnung, dass auch der Versuch funktionieren würde. Ausgerechnet ich, der ich doch so schnell neue Ideen aufgebe, konnte diesmal seltsamerweise diesen Versuch mit großem Eifer angehen.

Sofort leaste ich ein Mikroskop mit ziemlich hoher Präzision, gefror Wasser in einem ganz gewöhnlichen Kühlschrank und begann mit dem Experiment. Da wir aber bei normalen Zimmertemperaturen fotografieren wollten, schmolzen die Kristalle leider sofort wieder weg. Eine ganze Weile konnten wir keine Kristallfotografien machen.

Ich lud den Mitarbeiter jeden Abend zum Essen ein und machte ihm Mut, bei der Sache zu bleiben und sagte immer wieder zu ihm: »Bleiben wir wenigstens mit voller Kraft dabei!«

Es vergingen etwa zwei Monate seit Beginn dieses Experimentes bis endlich eine Wasserkristallfotografie entstand. Die Fotografie zeigt einen wunderschönen sechseckigen Kristall. Ich war unerhört stolz auf meinen Mitarbeiter, der voller Freude zur Berichterstattung zu mir kam.

Jetzt haben wir einen großen Kühlschrank für Versuche installiert und können bei konstanten minus fünf Grad Celcius die Wasserkristalle betrachten. Aber diese Anlage konnten wir nur einrichten, weil wir dieses Ergebnis bekommen hatten.

Wenn ich jetzt zurückblicke, haben wir Glück gehabt, unter den damaligen Bedingungen einen Kristall fotografieren zu können. Eine Arbeit unter Kälte und Schweiß …

Wenn man aus tiefstem Herzen überzeugt ist, dann gelingt es auch. Alles entsteht aus dem Bewusstsein des Menschen. Es erschafft die Welt. Ich habe diese Tatsache für mich wieder entdeckt.

Seitdem haben uns die Fotografien, die wir von den Eiskristallen erhalten haben, sehr redegewandt von der Welt erzählt. Und in ihren Erzählungen steckt viel Philosophisches. Die Kristalle entstehen nur in den wenigen Sekunden während die Temperatur steigt und das Eis bereits begonnen hat zu schmelzen. In diesem Moment wird die Wahrheit des Universums sichtbar und verschwindet sofort wieder. Die Wasserkristalle lassen uns in diesem Moment einen kurzen Blick von der Welt der Visionen erhaschen.

Im Folgenden beschreibe ich die konkrete Methode, nach der wir die Fotografien der Wasserkristalle machen:

Von jeder Art von Wasser geben wir jeweils einen Tropfen in fünfzig Schalen (anfangs hatten wir hundert Schalen benutzt). Diese gefrieren wir dann ungefähr drei Stunden lang bei einer Temperatur unter minus zwanzig Grad Celsius. Auf diese Weise entsteht in jeder Schale ein Eisklümpchen, das aufgrund der Oberflächenspannung ganz rund ist. Es ist eine winzige Kugel von etwa einem Millimeter Durchmesser. Wenn man nun jedes einzelne Eisklümpchen direkt von oben beleuchtet und durch ein Mikroskop betrachtet, dann sieht man den Kristall.

Natürlich erscheinen nicht in allen fünfzig Schalen die gleichen Kristalle. Es gibt auch Eisklumpen, die keinen Kristall ausbilden. Die Formen, die statistisch am häufigsten auftreten, lassen uns die charakteristischen Kristallformen eines Wassers erkennen. Es gibt Wasser mit eindeutig ähnlichen Kristallen, Wasser, das überhaupt keine und Wasser, das nur beschädigte Kristalle ausbildet.

Zuerst habe ich städtisches Leitungswasser verglichen. Die Kristalle des Leitungswassers von Tokio waren ganz und gar zerstört. Wir haben hier so gut wie gar keine schönen Kristalle fotografieren können. Um das Leitungswasser in Japan zu desinfizieren wird Chlor eingesetzt. Das Desinfizieren mit Chlor zerstört jedoch die schöne Struktur des natürlichen Wassers ganz und gar.

Das natürliche Wasser dagegen, woher es auch kommen mag, zeigt uns wunderschöne kristalline Strukturen. Quellwasser, Grundwasser, Gletscher, die noch naturbelassenen Oberläufe der Flüsse (wir haben keine schönen Kristalle bei Flussunterläufen gesehen, in die Abwässer eingeleitet worden waren) – in welcher Weltgegend auch immer – Wasser, das den Prinzipien der großen Natur folgt, bildet herrliche Kristalle aus.

So begannen unsere Forschungen mit dem Fotografieren der Wasserkristalle und dem Auswerten der Bilder.

Nach einer Weile kam der Mitarbeiter, der die Wasserkristallfotografien machte, auf unerhörte Ideen: Er fragte »Wollen wir dem Wasser nicht Musik vorspielen und dann die Kristalle betrachten?« Er war völlig von der Faszination des Wassers ergriffen. Tatsächlich implizierte dieser Vorschlag, dass man mit Musik

Schwingungen auf das Wasser übertragen kann und dass sich dadurch die Qualität des Wassers ändert. Ich selbst liebe Musik so sehr, dass ich als kleiner Junge einmal allen Ernstes Sänger werden wollte. Deshalb stimmte ich diesem außergewöhnlichen Experiment zu.

Allerdings war es etwas anderes, einfach zu sagen, dass man dem Wasser Musik vorspielen wollte, als dann eine geeignete Methode und geeignete Musik zu finden. Nach längerem Herumprobieren kamen wir zu dem Schluss, dass es wohl am besten wäre, das Wasser in Flaschen abzufüllen und diese dann zwischen zwei Lautsprecher zu stellen, aus denen die Musik in einer für menschliche Ohren angenehmen Lautstärke kam. Auch das benutzte Wasser musste immer das gleiche sein. Wir entschlossen uns, in der Apotheke käufliches destilliertes Wasser für diesen Versuch zu verwenden.

Die Ergebnisse waren herrlich. Beethovens »Pastorale« brachte einen wunderschönen vollständigen Kristall hervor, so wie auch die Melodie fröhlich, frisch und klar ist. Mozarts Symphonie Nr. 40 ist ein Musikstück voller Gefühl, das sogar seine Verehrung für das Schöne spüren lässt, und auch der Kristall erschien in einer prachtvollen und wunderbaren Form.

Etwas ganz Besonderes ist »Les Adieux« von Chopin. Erstaunlicherweise waren mehrere schön ausgeprägte, kleine Kristalle getrennt von einander entstanden. (Übrigens merkten wir erst später, dass »Les Adieux« nicht der Haupttitel des Stückes war. Irgendwie war das Gefühl des Japaners, der diesen Titel ausgesucht hatte, im Kristall ausgedrückt.)

So haben die klassischen Musikstücke unter Berücksichtigung der einzelnen Charakteristika wunderschöne Kristalle ausgebildet. Dagegen haben die Heavymetalstücke, deren Texte voller Hass und

Auflehnung sind, in tausend Stücke zersprungene Kristalle hervorgebracht.

Außerdem hatte ich noch einen erstaunlichen Einfall: Ich habe das Wasser Wörter lesen lassen. Wir haben Wasser in Glasflaschen gefüllt und dann Zettel mit der beschriebenen Seite zum Wasser hin darauf geklebt. Was für einen Unterschied gab es wohl zwischen Kristallen von Wasser, das »Danke« gesehen hatte und solchem, das »Dummkopf« gelesen hatte?

Man kann nicht davon ausgehen, dass Wasser Schriftzeichen liest, die Bedeutung versteht und dementsprechend sich die Form der Kristalle verändert. Aber da ich bei dem Versuch mit der Musik bereits Erfolge verbucht hatte, zweifelte ich auch nicht an dieser Idee und führte den Versuch durch. Bei diesem Versuch hatten wir das Gefühl, in einen unbekannten Dschungel einzudringen und waren sehr aufgeregt.

Die Ergebnisse waren wirklich Aufsehen erregend. Das Wasser, das »Danke« gelesen hatte, bildete einen wunderschönen, eindeutig sechseckigen Kristall aus. Der Kristall des Wassers, das »Dummkopf« gelesen hatte, dagegen war, wie bei der Heavymetalmusik in tausend Stücke zersprungen.

Genauso bildete ein Wasser, das die Aufforderung »Komm, lass uns das tun« gelesen hatte, einen vollständigen Kristall aus, während ein Wasser, das den Befehl »Tu das!« gesehen hatte, keinen Kristall hervorbringen konnte.

Dieser Versuch hat uns gelehrt, wie wichtig doch die Worte sind, die wir täglich aussprechen. Sprechen wir positive Worte aus, so beeinflussen diese Schwingungen die Dinge zum Guten hin. Wenn man aber mit negativen Worten um sich wirft, führt es zur Zerstörung.

Die Geschichte vom Wasser ist auch ein Abenteuer auf der Suche nach dem Gefüge des Universums. Die Kristalle, die uns das Wasser zeigt, sind der Zugang zu einer anderen Dimension. Während wir weiterhin Versuche mit den Fotografien von Wasserkristallen machten, haben wir irgendwann, vielleicht auch ohne es zu merken, die Stufen zur tieferen Wahrheit des Universums betreten.

Währenddessen hatte eine bestimmte Wasserkristallfotografie mich zutiefst berührt. Einen schöneren und prächtigeren Kristall habe ich noch nie gesehen. Er stammte von einem Wasser, das die Schriftzeichen »Liebe, Dank« gesehen hatte. Das Wasser hat sich gefreut und seine Form frei entfaltet, so wie eine Blume aufblüht. Die Schönheit dieser Wasserkristallfotografie hat mein Leben verändert.

Das Wasser, das »Liebe, Dank« gelesen hatte, zeigte, wie wichtig die Gefühle des Menschen sind, und wie sehr doch das Bewusstsein die Welt verändern kann.

In Japan gibt es die Vorstellung, dass Worte eine Seele haben, die so genannte »Wort-Seele«. Man denkt, dass man allein durch das Aussprechen der Worte die Macht hat, die Welt zu verändern. Die Worte beeinflussen ganz stark unser Bewusstsein. Man sagt oft, dass es wichtig ist, positive Worte zu verwenden, damit alles glatt verläuft. Allerdings konnte man diesen Zusammenhang bisher nicht in einer sichtbaren Form darstellen.

Die Worte manifestieren Gefühle. Mit welchen Gefühlen man lebt, das verändert das Wasser, aus dem unser Körper zu siebzig Prozent besteht, und diese Veränderung zeigt sich im ganzen Körper. Wer einen gesunden Körper besitzt, hat auch gesunde Gefühle. Tatsächlich lebt also ein gesunder Geist in einem gesunden Körper.

Als ich mit der Erforschung des Wassers begann, hoffte ich, dass möglichst viele Menschen gesund würden. Ich bin mit sehr vielen Menschen zusammengekommen, und je mehr unheilbar kranke Menschen ich traf, desto mehr verstärkte sich bei mir der Gedanke, dass dies kein individuelles Problem sei, sondern dass die gesamte Gesellschaft in Auflösung begriffen ist.

Ich entwickelte den festen Glauben: Wenn man nichts dagegen unternimmt, dass sich die ganze Welt verzerrt, kann man die

Anzahl der kranken Menschen nicht verringern und auch die seelisch leidenden Menschen nicht heilen.

Was ist denn aber die Verzerrung der Welt eigentlich? Es ist die Verzerrung der Gefühle. Die Verzerrung der Gefühle beeinflusst das gesamte Universum. So wie sich Wellen kreisförmig immer weiter ausbreiten, wenn man auch nur einen einzigen Tropfen in eine Pfütze gießt, so verändern die verzerrten Gefühle eines einzigen Menschen die ihn umgebende Welt und damit die ganze Welt.

Aber seien Sie beruhigt. Es gibt eine Rettung. Es ist »Liebe und Dankbarkeit«.

Die Welt dürstet danach. Die Welt möchte schön werden. Sie strebt die größte Schönheit an. Erinnern Sie sich an die allererste Definition? Der Mensch ist Wasser. Bei Menschen, die Bilder von

Wasserkristallen gesehen haben, verändert sich doch bestimmt das Wasser in ihrem Körper entsprechend. Und der allerschönste dieser Kristalle ist der Kristall von »Liebe und Dankbarkeit«. Dies sollte auch der Ursprung einer jeden Religion sein. Wenn dem so ist, dann brauchen wir auch keine Gesetze mehr. Sie wissen warum: Weil nämlich »Liebe und Dankbarkeit« die Worte sind, die die Welt

leiten.

Das Wasser lehrt uns deutlich, wie wir leben sollen. Und das Drama um das Wasser ist eine endlose Geschichte von der einzelnen Zelle bis zum ganzen Universum.

Bitte genießen sie dieses Drama mit klopfendem Herzen, genauso wie ich es tue.

1

Woraus besteht das Universum?

Der Mensch ist Wasser. Diese Tatsache ist der Schlüssel zur Lösung aller Rätsel der Welt. Wenn wir die uns umgebende Welt nun von diesem Blickwinkel aus betrachten, sehen wir eine ganz andere Landschaft als bisher.

Die unzähligen Dramen, die wir Menschen kreieren, sind wie Geschichten, die das Wasser widerspiegelt. Die menschliche Gesellschaft ist ein einziges großes Meer. Dadurch, dass wir in irgendeiner Form Wassertropfen in dieses Meer fallen lassen, nehmen wir an der Gesellschaft aktiv teil. Um Ihnen diesen Zusammenhang in einem Gleichnis verständlich zu machen, erzähle ich Ihnen die Entstehungsgeschichte des ersten Wasserkristallbuches:

Da ich die Botschaften des Wassers möglichst vielen Menschen zugänglich machen wollte, habe ich Fotografien von Wasserkristallen gesammelt und sie als Bildband veröffentlicht. Das war nur ein kleiner unscheinbarer Tropfen, der aber unerwartet große Kreise zog und eine größere Welle verursachte, die dann wieder zu mir zurückkehrte.

Für diesen Bildband habe ich sechs Jahre lang Wasserkristalle fotografiert. Bis zum Jahre 1999 hatten wir eine Unmenge an Fotografien gemacht, die in meiner Firma archiviert sind.

Bei der Zusammenstellung des Bildbandes hatte ich sie ausgebreitet, und bald darauf wurde ich mir der wunderbaren Geschichte bewusst, die sich daraus entwickelte. Jeder einzelne der fotografierten Kristalle begann zu sprechen, und eine grandiose Geschichte entfaltete sich vor mir.

Als ich die Kristallfotografien ausgewählt hatte und sie nun in einem Bildband veröffentlichen wollte, ging ich mit dieser Idee sofort zu mehreren Verlegern. Doch von keinem erhielt ich einen positiven Bescheid. Trotzdem hielt ich an meinem Entschluss fest, diesen Bildband zu veröffentlichen.

Schließlich entschied ich mich dafür, ihn im Eigenverlag herauszugeben. Als es allerdings daran ging, den Band zu verkaufen, stieß ich wiederum auf ein Problem. Wenn man nicht den gewöhnlichen Vertriebsweg geht, liegt das Buch auch nicht in den Buchläden auf. Das war ein großes Problem, aber da ließ sich nichts machen. Wir mussten schließlich einige hundert Bücher, die bis dahin vorbestellt worden waren, selbst verpacken.

Einige Zeit nachdem wir die Bildbände versandt hatten, bemerkte ich eine Veränderung. Diejenigen, die bereits ein Exemplar bekommen hatten, fingen an nachzubestellen. Wer ein Exemplar gekauft hatte, zeigte es Freunden und Bekannten und allein durch Mundpropaganda stieg die Nachfrage rasend schnell an. Manche bestellten sogar fünf oder zehn Exemplare und verteilten diese dann an ihre Freunde. Um bei dem oben erwähnten Gleichnis zu bleiben: Die Kreise haben sich auf der Wasseroberfläche verbreitet.

Ich hatte den Wunsch, dass das Buch auf der ganzen Welt gelesen werden kann. So ließ ich von einem Übersetzungsbüro allen Texten eine englische Übersetzung beifügen. Das war ein großes Glück, denn schon bald ergab sich eine Chance, das Buch im Ausland vorzustellen. Frau Shizuko Ouwehand, die später auch als meine Dolmetscherin arbeitete, schickte den Bildband an ihre Freunde in Europa und Amerika. So hatten auch sehr viele Menschen im Ausland Gelegenheit, die Bilder zu sehen, und ich bekam daraufhin viele Anfragen, ob ich nicht zu Vorträgen kommen könnte.

Dadurch erhielt ich die Möglichkeit, die Wasserkristallfotografien einer großen Anzahl von Menschen in vielen Ländern der Welt, wie z.B. der Schweiz, Deutschland, Österreich, den Niederlanden, Italien, Großbritannien, Amerika und Kanada vorzustellen.

Das war wirklich vorzügliches Timing, die Zeit war reif, alle wollen wir dem Chaos entrinnen und wir alle sind auf der Suche. Und ich konnte damit einen kleinen, aber bedeutungsvollen Tropfen – den Bildband über Wasserkristalle – der Welt übergeben.

Menschen aus aller Welt haben die Bildbände gesehen und mir ihre Gedanken und Meinungen dazu mitgeteilt. Die Kreise auf dem Wasser, die ich verursacht habe, sind zu einer ungeahnt großen Welle geworden.

Viele Menschen drückten ihr Erstaunen darüber aus, dass das Wasser die Energie des menschlichen Bewusstseins und der Worte in einer sichtbaren Form zeigt. Es gehörte bisher in den Bereich der Religion und der Philosophie, dass Worte und Gedanken die Eigenschaften von Wasser und anderen Stoffen verändern.

Einige Wasserkristalle haben eine würdevolle Form und scheinen die gesamte Schönheit der Welt zu verkörpern. Im Gegensatz dazu gab es auch Wasser, das keinen Kristall ausbildete, bzw. nur einen verstümmelten, und damit das Dunkle tief im Herzen der Menschen widerspiegelte.

Bei Vorträgen zeige ich Dias der Wasserkristallfotografien. Die Menschen reagieren darauf ganz unterschiedlich. Einmal halten sie den Atem an vor Erstaunen, ein anderes Mal weinen manche auch, so tief sind sie bewegt. Ein Wassertropfen löst ganz verschiedene Reaktionen in den Herzen der Menschen aus.

Die Schweizerin, die mich zu einem Vortrag einlud, beschreibt ihre Gefühle, nachdem sie den Bildband gesehen hatte, folgendermaßen:

»Das Wunderbare an den Wasserkristallfotografien ist, dass man die Wasserkristalle sehen kann. Dadurch macht unser Bewusstsein einen großen Sprung nach vorn. Das Bewusstsein erwacht sehr schnell. Was wir bisher nur dachten und fühlten, beschleunigt sich dadurch, dass es sichtbar wird.«

Eine andere Schweizerin meinte: »Durch die Wasserkristallfotografien können wir sehen, wie sich die Energien des Bewusstseins und der Worte in etwas Sichtbares verwandeln. Dies ist die erste und einzige Methode, welche die schwer zu erfassende Form der Energie zeigt. Wir glauben nicht an das Unsichtbare. Aber die Wasserkristalle zeigen alles. Nun geht es nicht mehr um glauben oder nicht glauben. Mit dieser Methode kann jeder den Versuch machen und es beweisen.«

Auf einer Postkarte, die ich in Japan erhielt, heißt es: »Wasser ist nicht einfach nur ein Stoff, sondern die Verkörperung der Lebenskraft der großen Mutter Natur. Mir ist wieder einmal bewusst geworden, dass es die mysteriöse Funktion hat, alle Dinge zu beleben und der Reinigung zu dienen. Ich konnte die Gefühle, Absichten und Schwingungen durch die Veränderungen in den Wasserkristallen sehen und dadurch den Begriff des Herzens und die Wichtigkeit der Worte fühlen. Ich bin zutiefst bewegt von diesem wunderbaren Material.«

Die Bilder der Wasserkristalle berühren uns tief in unserem Herzen, und keiner kann sich ihrer Botschaft entziehen. Warum sind die Menschen so fasziniert von den Wasserkristallen? Weil in ihnen der Schlüssel zur Auflösung der Geheimnisse des Universums verborgen liegt, der das Tor des Herzens aufschließt und das Wesen des Menschen und des Universums offenbart.

Das Wasser ist der Spiegel des Herzens. Es hat verschiedene Facetten: Das Wasser erlaubt dem menschlichen Bewusstsein, es zu formen und zeigt uns diese Gestalt. Warum rückt wohl das Wasser das Herz des Menschen ins rechte Licht? Was ist denn eigentlich Bewusstsein? Um dies zu erklären, möchte ich, dass Sie zuerst Folgendes verstehen:

Jedwede Existenz ist Schwingung. Alles im Universum schwingt, alles hat seine eigene Wellenlänge.

Alles, was ich Ihnen erzähle, baut auf dieser Voraussetzung auf. Und da ich das Wasser schon lange erforsche, weiß ich, dass dies das grundlegende Prinzip des Universums ist.

In Worten ausgedrückt, braucht es nur eine einzige Zeile, aber für Menschen, die dies zum ersten Mal hören, ist es womöglich sehr schwer zu verstehen.

»Alles ist Schwingung? Auch der Tisch vor mir, der Stuhl, sogar mein Körper? Was soll das bedeuten, dass alles Sichtbare vibriert?«

Tatsächlich kann man zunächst einmal nicht glauben, dass auch Dinge aus Holz, Stein und Beton, die man anfassen und von deren Festigkeit man sich überzeugen kann, schwingen.

Aber in der heutigen naturwissenschaftlichen Welt der Quantenmechanik gehört es zum Allgemeinwissen, dass die Materie in Wirklichkeit nichts anderes als Schwingung ist. Wenn wir Dinge in immer kleinere Einheiten aufspalten, kommen wir in eine unerklärliche Welt, in der alles nur noch aus Teilchen und Wellen besteht.

Nehmen wir einmal an, Sie hätten einen Körper, der sich nahezu unendlich verkleinern ließe, und Sie würden aufbrechen, um die Herkunft des Universums zu erforschen. Hätten Sie dann Atomgröße erreicht, so würden Sie erkennen, dass alles auf dieser Welt aus nichts anderem besteht als aus Elektronen, die sich um den Atomkern herum bewegen. Je nach Anzahl und Form der Elektronen besitzt das Atom eine charakteristische Schwingung.

Auch die Elektronen, die negativ geladenen Teilchen, bestehen nicht aus fester Materie, sondern sie sind etwas Wellenartiges, das ständig um einen Atomkern herum schwingt.

Alles vibriert und bewegt sich. Alles schwingt unaufhörlich in extrem hoher Geschwindigkeit.

Im Herz-Sutra steht folgender Satz, den vor langer Zeit Buddha selbst gesagt haben soll:

»Form ist Leere und Leere ist Form.«

Das heißt, sichtbare Dinge haben keine Form, und unsichtbare Dinge haben eine Form. Diese rätselhaften Worte wurden nun durch wunderbare Fügung von der modernen Naturwissenschaft bewiesen.

Dinge sind sichtbar, aber Schwingungen sind unsichtbar. Allerdings haben Sie alle sicherlich auch schon folgende Erfahrung gemacht:

Während Sie sich mit einem Freund oder einer Freundin gut unterhalten und eine schöne Zeit verbringen, kommt ein weiterer Freund zu Besuch. In dem Moment, in dem jener die Tür öffnet, ändert sich schlagartig die Stimmung im Raum. Einen Augenblick lang steht die Luft, als ob sie eingefroren wäre, und eine dunkle, stockende Atmosphäre erfüllt das Zimmer.

Bereits beim Anblick dieses Freundes erkennt man die Zeichen des Leides: das Gesicht ist ausgemergelt, die Haltung erbärmlich zusammengesunken. Was ist ihm wohl passiert? Hat er sich von seiner Freundin getrennt? Hat er in der Arbeit Fehler gemacht? Oder hat ihn das Leid des menschlichen Lebens ergriffen?

Die Antwort überlasse ich Ihrer Fantasie. Wichtig ist: Sobald dieser Freund auch nur die Tür geöffnet hat, hat sich die Atmosphäre im Raum augenblicklich verändert.

Auch der Mensch vibriert. Jeder einzelne Mensch hat eine ihm eigene Schwingung. Und jeder Mensch hat auch einen Sensor, der Schwingungen aufnehmen kann.

Menschen, die tiefes Leid erfahren haben, strahlen auf der Wellenlänge der Trauer aus. Ein Mensch jedoch, der allem, was ihm widerfährt, mit Freude begegnet und es genießt, wird wohl auf einer Wellenlänge des hellen Lichtes senden. Wer andere Personen liebt, strahlt Schwingungen der Liebe aus, und von Menschen, die Böses tun, gehen tiefdunkle, dichte Schwingungen aus.

Dasselbe gilt nicht nur für Menschen, sondern auch für Dinge und Orte. Warum gibt es z.B. Orte, an denen häufig Verkehrsunfälle geschehen, oder Orte, an denen es Glück bringt, einen Laden zu eröffnen, der dann auch ganz sicher sehr gut geht? Andererseits hört man oft Geschichten, dass bestimmte Edelsteine ihre Besitzer von einem Unglück ins nächste stolpern lassen.

Nicht nur materielle Objekte, auch die verschiedenen Phänomene in dieser Welt besitzen ihre, ihnen eigene Wellenlänge. Die Veränderungen der Energie der Atmosphäre lassen Gewitter und Wirbelstürme entstehen. Das sind gewaltige Energien, die großen Schaden anrichten können. Wenn man es recht bedenkt, ist das nicht unbedingt etwas Negatives, denn wenn wir wissen, dass dabei die schlechte Energie, die sich in der Welt angestaut hat, mit enormer Gewalt weggewirbelt wird, dann sollten wir wohl eher dankbar sein für Gewitter und Wirbelstürme.

Dies lässt uns auch verstehen, warum Menschen von alters her Feste lieben. Wo sich viele Menschen versammeln, in festlichen Gewändern singen, tanzen und Spaß haben, da wirbeln auch fröhliche und gute Schwingungen herum.

Wie gesagt, alle Dinge vibrieren und besitzen sogar ihre eigenen Schwingungen. Wenn man das erkennt, kann man sein Verständnis von dieser Welt vertiefen. Man wird auch dessen gewahr, was man bisher nicht bemerkte oder ins tiefste Unterbewusste verdrängt hatte. Neue Entdeckungen und Gefühle verleihen dem Leben eine neue Dimension.

Alles was ist, schwingt in seiner spezifischen Frequenz, doch nicht alle Frequenzen sind als Töne hörbar. Es gibt kaum Menschen, die die Fähigkeit haben, die Stimmen der Bäume zu hören und sich mit Gräsern und Blumen zu unterhalten, die meisten können die Töne der Pflanzen nicht wahrnehmen.

Es heißt, dass wir Menschen die Töne zwischen fünfzehn Hertz und zwanzigtausend Hertz hören können. »Hertz« bedeutet die Anzahl der Schwingungen in der Sekunde. Wenn wir alle Töne hören könnten, dann könnten wir wohl auch nachts nicht mehr schlafen.

Man kann die ureigenen Wellenlängen aller Dinge auf die Wellenlängen der entsprechenden Töne transferieren.

Die Welt der Natur ist wirklich gut entwickelt. Wenn alles schwingt und damit tönt, so gibt es auch einen Meister, der diesen Ton hören kann. Und das ist das Wasser.

Warum verändern sich die Kristalle, wenn wir dem Wasser Musik vorspielen? Warum zeigt das Wasser ein ganz anderes Bild, wenn wir mit ihm sprechen oder ihm Schriftzeichen zeigen? Das kommt daher, dass alles Schwingung ist. Das Wasser ist empfänglich für die ureigenen Wellenlängen der Dinge und überträgt sie so, wie sie sind.

Jeder weiß, dass Musik oder gesprochene Worte Schwingungen sind. Beim Hören von Musik nehmen wir unterschiedliche Schwingungen auf, und da auch beim Rezitieren der Sutren bei buddhistischen Zeremonien die Stimme erschallt, werden wohl auch hierbei heilende Schwingungen erzeugt.

Wie kann man es erklären, dass Wasser auch bei geschriebenen Schriftzeichen eine Veränderung im Kristall zeigt? Ich denke mir, dass Schriftzeichen selbst eine Schwingung haben, die das Wasser erspüren kann.

Das Wasser kopiert exakt alle Schwingungen in der Welt und wandelt sie in eine für uns sichtbare Form um. Wenn man dem Wasser Schriftzeichen zeigt, erkennt es die Schwingungen und drückt sie jeweils ganz konkret als Bild aus.

Was sind denn die Worte ursprünglich? In der Bibel steht: »Am Anfang war das Wort«. Bevor das Universum geschaffen und alle Dinge geboren wurden, gab es zuerst »Worte«, steht dort geschrieben.

Ich glaube, dass die Worte nicht von den Menschen geschaffen worden sind. Haben die Menschen nicht die Worte von der großen Natur gelernt?

Am Anfang aller Zeiten, als die Menschen noch im Einklang mit der Natur lebten, haben sie um des Überlebens willen auf die verschiedenen Schwingungen der großen Natur gelauscht, und sie fühlten, ob Gefahr nahte oder ob das, was sich da näherte, für sie sicher war.

Der Ton des wehenden Windes, der Ton des plätschernden Wassers, der Ton der im Grase umherstreifenden Tiere – solche Töne konnten sie unterscheiden und mit Hilfe der Lippen und Stimmbänder mitteilen. Man nimmt an, dass die ersten Worte, welche die Menschen lernten, zwei oder drei besonders einfache waren. Die Zivilisation entwickelte sich, immer mehr Erfahrungen wurden gemacht und damit stieg wohl auch allmählich der Umfang des Vokabulars.

Doch warum unterscheiden sich die Sprachen je nach Land und Region? Vermutlich weil die Worte ursprünglich von den Schwingungen der Natur gelehrt wurden und die natürliche Umwelt der Menschen unterschiedlich ist, je nachdem, wo sie leben. An einem Ort gibt die Natur andere Töne von sich als an einem anderen. Glühend heiße Wüste, oder Europa mit wechselhaftem Wetter, die Inseln des schwülheißen Asien – jede dieser Regionen erzeugt unterschiedliche Laute.

In Japan wechseln sich vier Jahreszeiten ab und dieses Land ist reich an natürlichen Tönen entsprechend der jeweiligen Jahreszeit. Deshalb gibt es sehr viele Wörter in der japanischen Sprache, welche die natürlichen Schwingungen ausdrücken. Es sind lautmalende Ausdrücke wie »Shinshin« (der Ton des immer dichter fallenden Schnees oder der hereinbrechenden Nacht), »shitoshito« (der Ton des sanft fallenden Regens), »potsupotsu« (der Ton von einzeln fallenden Tropfen, A.d.Ü.).

Wenn man das Wort »Danke« auf japanisch, englisch, deutsch oder in anderen Sprachen dem Wasser zeigt und dann Kristallfotografien anfertigt, ergibt dies in jeder Landessprache jeweils einen wohlproportionierten und schönen Kristall. Andererseits war bei »Dummkopf« und anderen Worten, mit denen Menschen beschimpft und angegriffen werden – in welcher Landessprache auch immer – der Kristall in tausend Stücke zersprungen. Es war ein grauenvoller Anblick.

In der Geschichte vom Turm zu Babel, die in der Bibel geschrieben steht, heißt es, dass in alter Zeit die Menschen alle dieselbe Sprache gesprochen haben. Das bedeutet doch wohl, dass – selbst wenn die Regionen und die natürliche Umwelt sich unterscheiden – doch die Wurzeln der natürlichen Ordnung überall die gleichen sind.

Man könnte meinen, dass, wenn beim Fotografieren des Wassers ein wohlproportionierter sechseckiger Kristall erscheint, das Wasser zu dem Zeitpunkt, in dem der Kristall fotografiert wurde, eins war mit den natürlichen Phänomenen des Lebens. In Reaktion auf die Dinge, die erst geschaffen wurden, nachdem der Mensch die natürliche Ordnung vergessen hatte, und in Reaktion auf die verunreinigten Dinge, bildet das Wasser keine Kristallstruktur aus.

Nun möchte ich Ihnen einige wenige Wasserkristallfotografien zeigen. Die meisten sind erstmals hier abgedruckt. Einige Bilder habe ich hinzugefügt, die schon in den beiden Bänden »Botschaften des Wassers« abgebildet sind, weil sie vom Thema her dazugehören. So sehen Sie mit eigenen Augen, wie sich das Wasser durch das Lesen von Worten, das Betrachten von Fotografien und das Hören von Musik verändert.

Wir zeigten dem Wasser Worte

Wir füllten Wasser in Glasflaschen, schrieben Worte mit dem Computer und klebten den Ausdruck auf die Flaschen, um dem Wasser die Worte zu zeigen. Alle Schriftzeichen sind, wenn nicht anders angegeben, auf Japanisch geschrieben.

Liebe, Dankbarkeit

Von einer Schönheit, die man als vollkommen bezeichnen kann; der Kristall berichtet davon, dass »Liebe und Dankbarkeit« die Grundlagen des natürlichen Lebens sind.

Liebe, Menschenliebe

Danke, auf Japanisch

Auch wenn sich der Ursprung des Wortes in den verschiedenen Sprachen unterscheidet, so zeigt es immer einen formvollendeten, schönen Kristall.

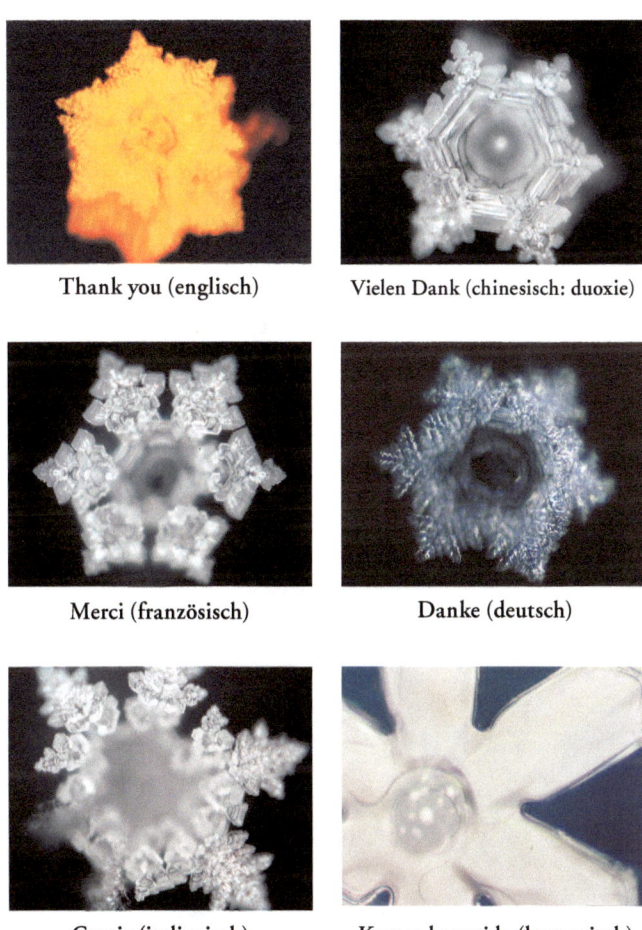

Thank you (englisch)

Vielen Dank (chinesisch: duoxie)

Merci (französisch)

Danke (deutsch)

Grazie (italienisch)

Kamsa hamnida (koreanisch)

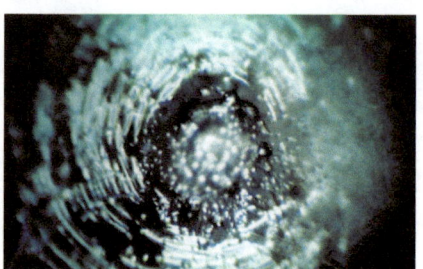

Dummkopf (japanisch)

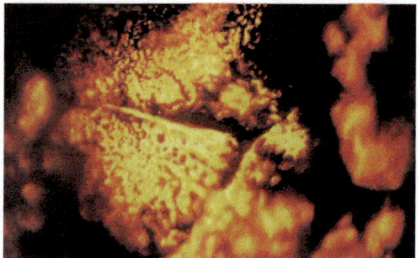

You fool (englisch)

**Du machst mich krank – ich bring dich
um (japanisch)**

Worte, egal welche, die Menschen verletzen, können keine Kristalle ausbilden. »Du machst mich krank – ich bring dich um« – das entspricht auch dem Zustand, in dem sich ein Kind befindet, das gehänselt und gequält wird.

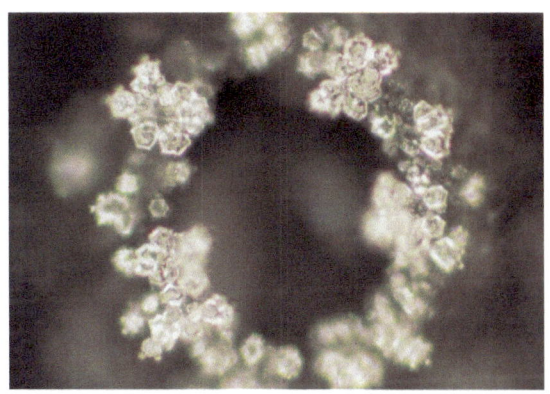

Engel (japanisch)

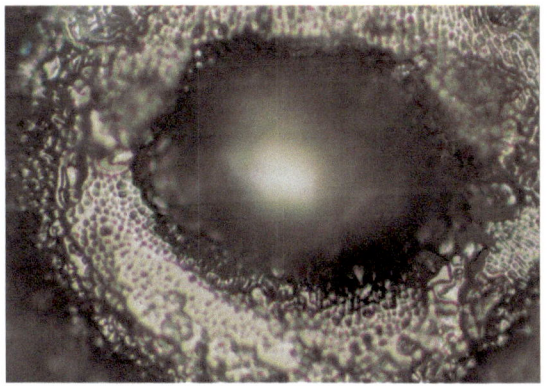

Teufel (japanisch)

Im Gegensatz zu »Engel«, bei dem viele kleine Kristalle in einem Kreis angeordnet sind, wirkt bei »Teufel« das sich aufwölbende schwarze Innere bedrohlich.

Lasst uns das tun (japanisch)

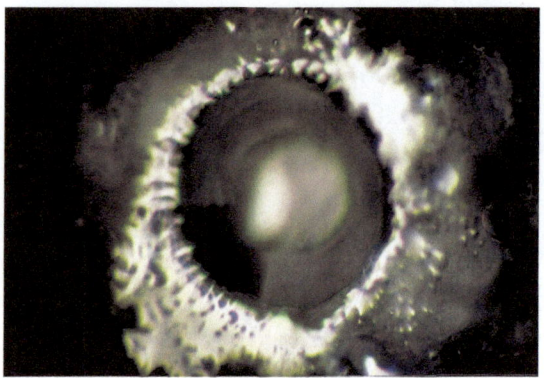

Tu' das! (japanisch)

Während »Lasst uns das tun« eine angenehme Form hat, ähnelt »Tu' das!« dem »Teufel«. Sicherlich sind in der natürlichen Ordnung kein Zwang und keine Befehle vorgesehen.

Entschuldigung (japanisch)

Tatsächlich ist es gut, sich aufrichtig zu entschuldigen. Das leicht
Verschleierte kommt wohl daher, dass man sich nicht wohl fühlt,
wenn man den Anlass für die Entschuldigung ansprechen muss.

Chie (japanisch)

Wisdom (englisch)

Weisheit (deutsch)

»Weisheit« ergibt in jeder Sprache eine ausgesprochen ähnliche, klar ausgeprägte Form. Bedeutet das vielleicht, dass die Natur in allen Regionen nach den gleichen Grundmustern aufgebaut ist?

Ein Versuch in einer Grundschule

In einer Grundschule ließen wir Kinder das Wasser ansprechen. Dabei ist auch ein Wasser, das vollständig ignoriert wurde.

Hübsch, nicht wahr?

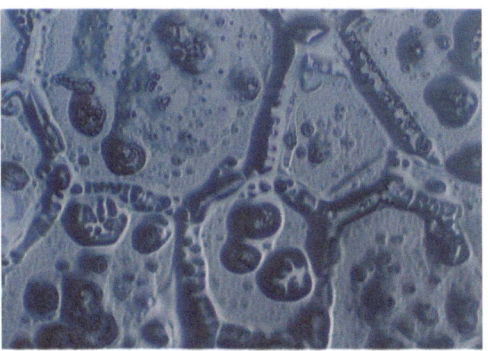

Dummkopf

Dies ist Wasser, das in einer Grundschule von je einem Kind angesprochen wurde. Während »hübsch, nicht wahr« einen schönen Kristall zeigt, bildet »Dummkopf«, wie Sie sehen, keinen Kristall.

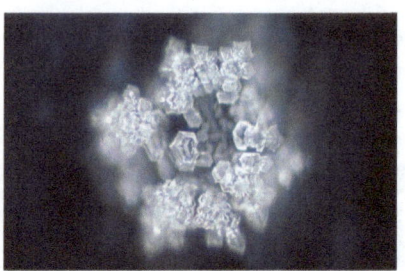

ab und zu mit *das ist aber schön* angesprochen

oft mit *das ist aber schön* angesprochen

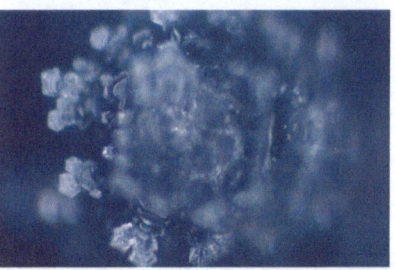

abgestellt und ignoriert

Das Wasser, das oft mit »das ist aber schön« angesprochen wurde, zeigt einen besser ausgebildeten Kristall als dasjenige, das nur ab und zu genauso angesprochen wurde. Der Kristall des ignorierten Wassers ist am meisten zerstört.?

Wie sieht wohl das Gesicht des Universums aus?

Wasser, das die Worte für »Kosmos« auf Japanisch, Englisch und Deutsch und solches, das eine Fotografie der Erde gesehen hatte.

Uchû (japanisch)

Cosmos (englisch)

Kosmos (deutsch)

Die Worte für »Kosmos« bildeten in allen drei Sprachen ähnliche, formvollendete Kristalle aus. Das bedeutet wahrscheinlich, dass die Ordnung der Natur über die Staatsgrenzen hinaus Gemeinsamkeiten besitzt.

Wasser, das eine Fotografie der Erde gesehen hatte

Der Kristall der Erde ist schön, aber es bedrückt mich, dass die Form etwas verschwommen ist. Wäre er vollständig, so gäbe es kaum einen schöneren Kristall.

Hört das Wasser auch Töne?

Wir haben Wasser in Glasflaschen gefüllt und zwischen zwei Lautsprechern aufgestellt, um ihm Musik vorzuspielen.

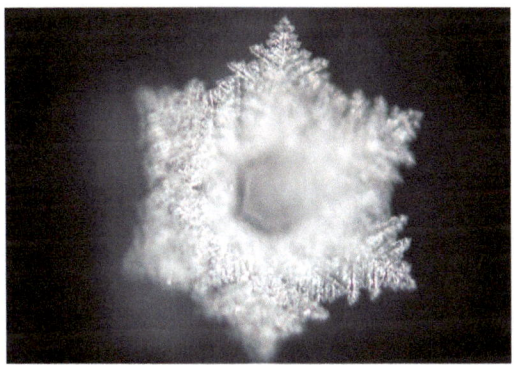

Beethoven Symphonie »Schicksalssymphonie«

Beethoven Symphonie »Die Pastorale«

Beide Beethoven Symphonien haben eine romantische Form. Sie besitzen eine feine, formvollendete Schönheit. Eine solche Form besitzt Heilkräfte.

Mozart Symphonie Nr. 40 in g-Moll

Passend zur Stimmung des Stückes entstand ein schöner Kristall. Das Besondere daran ist, dass sich auch Mozarts leidenschaftlicher Lebensstil darin ausdrückt.

**Bach: Air aus der Orchestersuite Nr. 3 in D-Dur,
gespielt auf der G-Saite der Geige**

Die Einzigartigkeit besteht hier darin, dass, wie bei einer, auf
der Violine gespielten Melodie, die Kristalle zusammenhängen.

Chopin »Les adieux« (Der Abschied)

Chopin »La pluie« (Regentropen)

Bei Klavierstücken sehen die Kristalle wie Tropfen aus. »Les Adieux« ist nicht der Originaltitel, doch dem Thema entsprechend ist der Kristall in viele kleine Stücke zerbrochen. Bei »La pluie« sieht es tatsächlich wie viele Regentropfen aus.

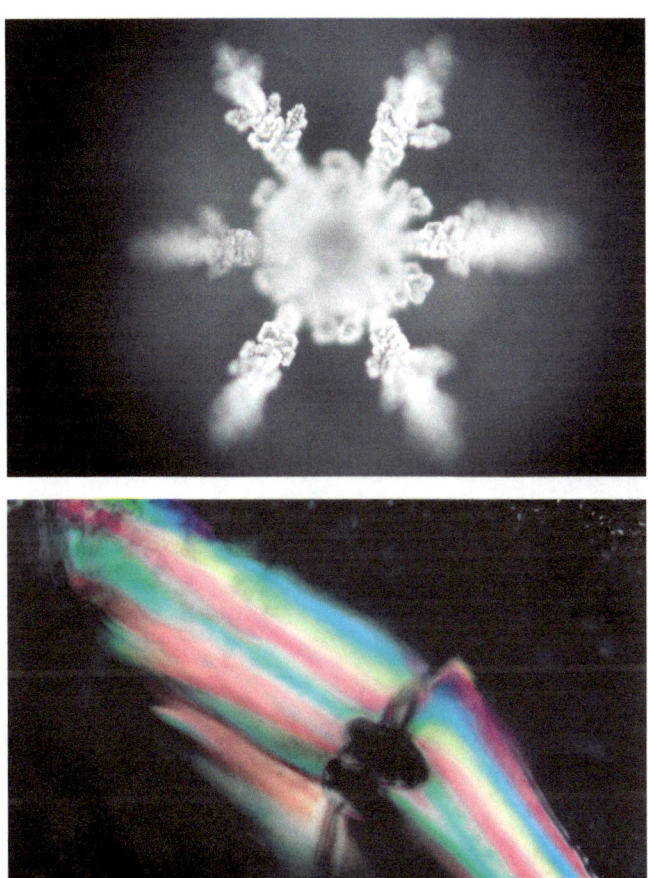

Tschaikowsky »Schwanensee«

Ein Kristall, der einen filigranen Schwan zeigt. Das zweite Bild zeigt wohl die sieben Farben des Hoffnungsschimmers. Der Kristall scheint sich entsprechend der Geschichte zu verwandeln.

Beatles »Yesterday«

Ich war sehr erstaunt, selbst bei den Beatles eine orthodoxe Form zu finden. Da es sich allerdings um ein in aller Welt bekanntes Lied handelt, das sich sogar zum Klassiker entwickelt hat, ist es ein wohlstrukturierter Kristall.

Elvis Presley »Heartbreak Hotel«

Wie es der Titel ausdrückt, so ist auch der Kristall in zwei zerbrochen, was tatsächlich das Gefühl eines gebrochenen Herzens
vermittelt.

Bud Powell »Kleopatras Traum«

Modern Jazz aus den fünfziger Jahren. Der schöne Kristall erzählt davon, wie diese Musik in der damaligen Zeit des Umbruchs heilend wirkte.

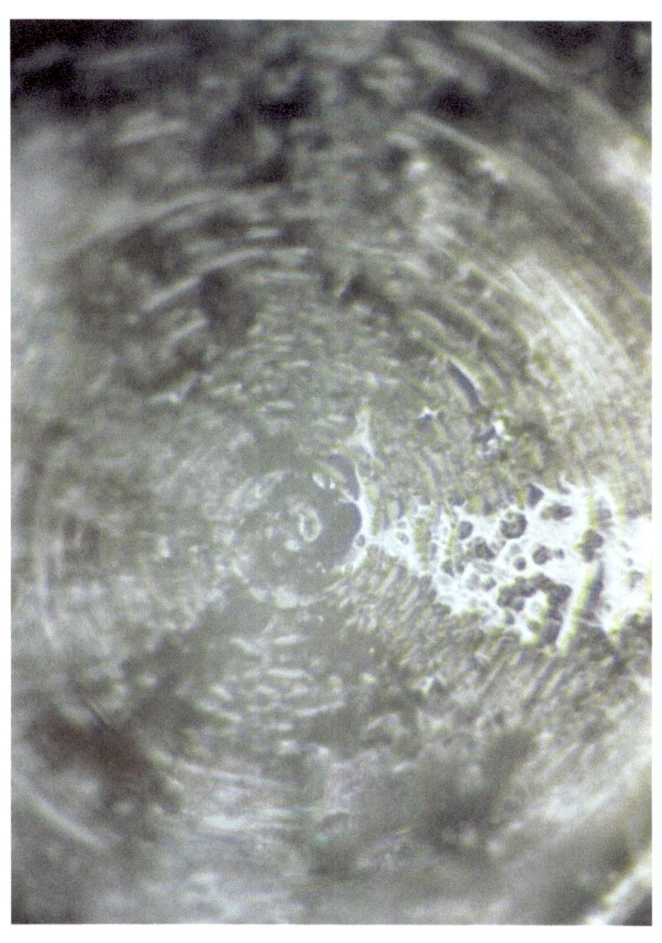

Ein Heavymetal Stück

Eine lautstarke Musik, und auch der Text spricht von Gefühlen der Wut und ist voller Kraftausdrücke.

Vivaldi »Die Vier Jahreszeiten«

Frühling   Sommer

Herbst   Winter

Der Frühling, in dem die Pflanzen zu sprießen beginnen; der Sommer, in dem sie blühen; der Herbst, in dem sie reifen und Samen für neues Leben hervorbringen; der Winter, in dem sie im Verborgenen ruhen. Die verschiedenen Jahreszeiten sind sehr gut ausgedrückt.

Ich habe einen kleinen Herbst gefunden

Die rote Libelle

Bei »Ich habe einen kleinen Herbst gefunden« entstehen ein kleiner Kristall und dazu einige Tropfen wie fallendes Herbstlaub. Bei »Die rote Libelle« kann man die in jedem der sechs Blütenblätter ihre Flügel ausbreitenden Libellen gar nicht übersehen.

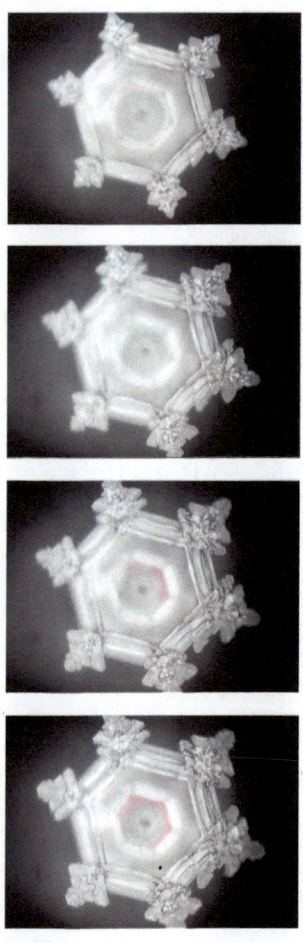

Japanisches Kinderlied »Der Hügel auf dem die Mandarinen blühen«

Die Farben des Kristalls änderten sich alle zehn Sekunden, man kann daraus erkennen, dass auch das Wasser atmet. Dass der innere Kreis sich rot färbt, erinnert an eine reifende Mandarine.

Elektromagnetische Wellen sind wirklich beängstigend

Wir haben einen Versuch gemacht, zwei Arten von Wasser – einmal destilliertes Wasser und einmal Wasser, das »Liebe, Dankbarkeit« gesehen hatte – jeweils neben ein Fernsehgerät, einen Computer, ein eingeschaltetes Handy zu stellen, beziehungsweise es im Mikrowellenherd zu erwärmen.

 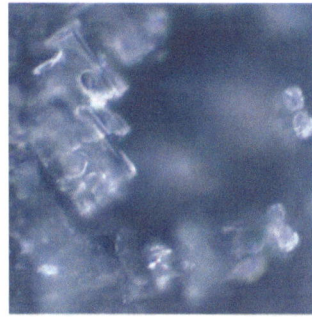

Fernsehgerät

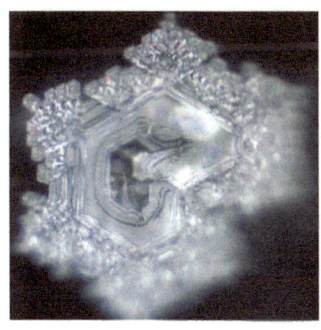 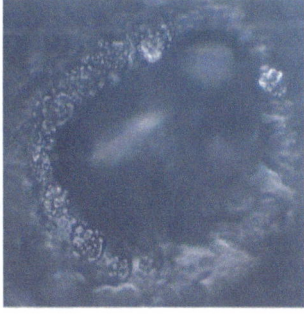

Computer

Im Vergleich zu dem destillierten Wasser, jeweils rechte Seite, zeigt das mit »Liebe, Dankbarkeit« imprägnierte Wasser (linke Seite) noch einen schönen Kristall. Fernsehgerät und Computer sind vergleichsweise noch ziemlich gut.

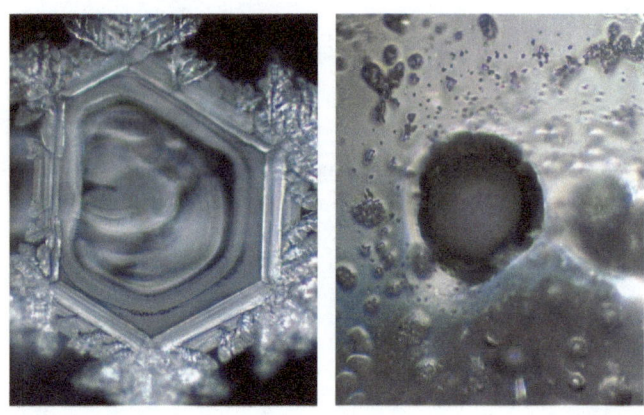

Handy

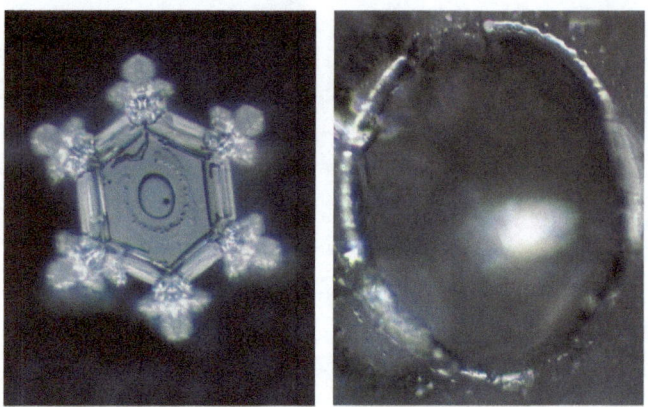

Mikrowellenherd

Das destillierte Wasser aus dem Mikrowellenherd ähnelt dem »Teufel«, und das ist das schlimmste Ergebnis, das man sich vorstellen kann. Kaum besser ist die Form, die das destillierte Wasser ausbildet, das neben dem Handy stand.

Das Wasser hat ein gutes Fernsehprogramm gesehen

Es handelte sich um eine Sendung über das Geheimnis des Lebens. Es ist ein schöner Kristall geworden. Bedeutet das, dass die elektromagnetischen Wellen je nach Inhalt der Information ihre Gefährlichkeit verlieren können?

Außergewöhnliche Kristalle

Sie entstanden bei besonderen Ereignissen und Themen. Im Folgenden handelt es sich um Kristalle von Wasser vor und nach dem Kaji-Gebet am See; um Wasser, das den Namen Amaterasu Ômikami gesehen hat; um Wasser, das die Fotografie eines magischen Kreises gesehen hatte; um Grundwasser vor und nach einem Erdbeben.

Wasser eines Sees vor und nach dem Kaji-Gebet

Wir haben am See das Kaji-Gebet gesprochen. Das Wasser hatte vorher die Schrecken erregende Form eines verzerrten menschlichen Gesichtes gezeigt, doch nach dem Gebet tauchte die Form des sonnenbeschienenen Dainichi-Nyorai-Bodhisattva (eine Erscheinungsform Buddhas) auf.

**Wasser, das den Namen Amaterasu Ômikami gesehen hatte
(dies ist eine Sonnengöttin der japanischen Shinto Religion)**

Es sieht wie ein Spiegel aus oder auch wie die Sonnenscheibe. Es wurde ein Kristall, der neben Schönheit auch Pracht und Heiligkeit vermittelt.

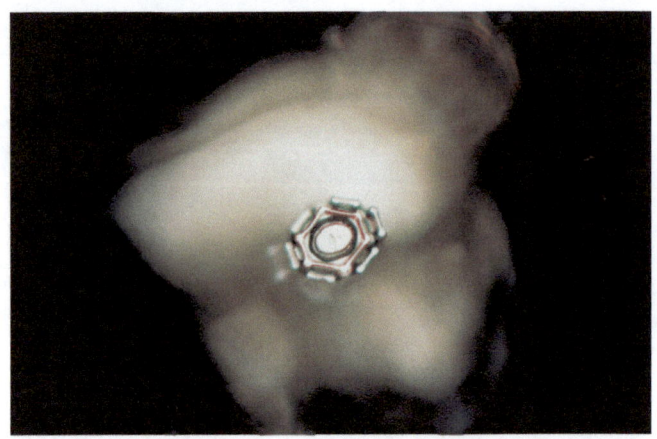

Wasser, das die Fotografie eines magischen Kreises gesehen hatte

Wasser vom östlichen Handwaschbecken des Heitate-Schreines

Der magische Kreis nahm die Form eines UFOs an. Das Wasser des als ältesten Schreines Japans betrachteten Heitate-Schreines zeigt die Form der Orakelzettel dieses Schreines.

Wasser, das die Fotografie eines Delfins gesehen hatte

Der Delfin besitzt eine ähnliche oder sogar höhere Intelligenz als der Mensch, und es heißt, dass Delfine uns heilen können. Die Form vermittelt das Gefühl eines »Prinzen des Meeres« und lässt die Fähigkeit zum Heilen erahnen.

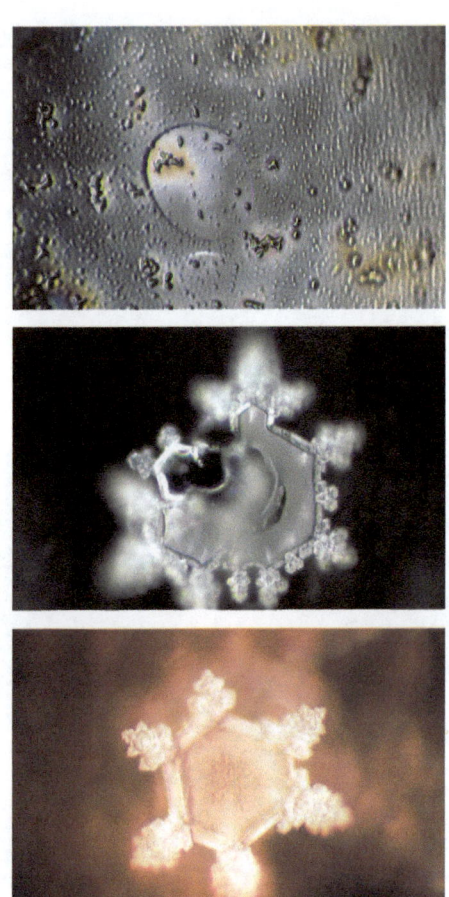

**Grundwasser vor und nach einem Erdbeben
in der Präfektur Shimane**

Das Grundwasser vor dem Erdbeben bildet – als wenn es ein Omen wäre – keinen Kristall aus. Einige Zeit nach dem Erdbeben beginnt es wieder seine ursprüngliche Kristallform zu bilden.

Versucht man, eine Wasserkristallfotografie des Leitungswassers von Tokio zu erhalten, ergibt sich, falls es überhaupt gelingt, eine entsetzliche Form. Das kommt daher, dass man in Japan, wie schon erwähnt, zur Desinfektion Chlor einsetzt. Die Struktur des natürlichen Wassers wird dadurch beschädigt.

Wenn das Wasser gefriert, so verbinden sich die Wassermoleküle systematisch und bilden die Nukleonen des Kristalls. Dieser stabilisiert sich erst, wenn er die Struktur eines Sechsecks hat, dann wächst er und wird so erst zu einem sichtbaren Kristall. Dies ist der natürliche Ablauf. Wenn wir dem Wasser jedoch unnatürliche Informationen aufzwingen, kann es keinen harmonischen sechseckigen Kristall ausbilden.

Die Worte »Danke«, »Liebe«, »Dankbarkeit« sind ein Teil der grundlegenden Prinzipien der Gesetze der Natur und der Phänomene des Lebens. Deshalb bildet der Kristall dabei seine, ihm adäquate Form eines schönen Sechsecks.

Im Gegensatz dazu gibt es das Wort »Dummkopf«in der Natur nicht; es ist ein vom Menschen geschaffenes, unnatürliches Wort. Worte, die Menschen beschimpfen, sie verletzen oder verhöhnen sind wohl erst nach Beginn der Zivilisation geschaffen worden.

Höchstwahrscheinlich existieren in der Natur keine anderen Schwingungen außer denjenigen der »Liebe und Dankbarkeit«. Das erkennt man gut, wenn man sich die natürlichen Landschaften betrachtet. Bäume, Gräser und Pflanzen respektieren einander und leben in einer Symbiose. Auch bei den Tieren ist das so. Der Löwe frisst andere Tiere nur, wenn er Hunger hat. Es gibt keine Pflanzen, die sich beklagen, dass die Sonne nicht unter ihren Baum scheint, und auch keine Tiere, die planen, das Futter für sich alleine zu beanspruchen.

Im Jahre 1989 erschien in der amerikanischen naturwissenschaftlichen Zeitschrift »21st Century« ein Artikel von Warren

J. Hammerman. Darin wurde berichtet, dass, wenn man die Frequenzen derjenigen organischen Substanzen, aus denen der Mensch besteht, in Töne umwandeln würde, diese etwa ein Spektrum von zweiundvierzig Oktaven umfassen würden. Wenn das so wäre, würde die höchste Frequenz, wenn man das tiefe C der C-Dur Tonleiter als Grundlage nähme, sogar 570 Milliarden Hertz erreichen. Da ein Hertz eine Schwingung pro Sekunde bedeutet, würde dieser Ton 570 Milliarden Mal in der Sekunde schwingen. Das zeigt, welch unvorstellbare Fülle an Fähigkeiten in einem Menschen verborgen ist.

Es ist gewiss schwierig, sich zweiundvierzig Oktaven vorzustellen, aber es zeigt, dass der Mensch eine erstaunliche Vielfalt an Frequenzen besitzt. Der menschliche Körper ist ein Universum, das Frequenzen auf den verschiedenen Ebenen aufnimmt; er ist ein kleines Universum und stimmt ein in die große kosmische Symphonie.

Wenn ich von Schwingungen, also von Wellenlängen und Frequenzen spreche, dann erkläre ich sie mit einer eigenen Theorie von der Tonleiter (»C, D, E, F, G, A, H, C«). Was ist nun meine Theorie der Tonleitern? Das ist ganz einfach.

Alles, was im Universum existiert, von den tiefen Frequenzen bis zu den hohen, existiert unbegrenzt. Stellen wir uns nun vor, diese Frequenzen wären wie die Tasten eines Klaviers angeordnet. Schlägt man nun eine der weißen Tasten an, so erzeugt man einen der sieben Töne C, D, E, F, G, A, H. Vom ersten C bis zum nächsten C (man nennt diesen Abstand eine Oktave) verdoppelt sich die Frequenz, ebenso von diesem nächsten C zum darauf folgenden. Und das Verhältnis der Töne zueinander, z.B. von C zu G zum nächsten C bleibt immer das gleiche, in jeder Oktave. Deshalb kann man diese Töne wiederholen und kann alle Töne, vom niedrigsten bis zum allerhöchsten, darstellen.

Versucht man nun, alle Frequenzen auf diese Weise in den hörbaren Bereich zu transformieren, was fällt einem dabei auf?

Das Wichtigste ist: das Phänomen der Harmonie. Die gleichen Frequenzen harmonieren miteinander. Bei einem Versuch mit einer Stimmgabel wird es leicht verständlich. Die Stimmgabeln sind im allgemeinen auf den Kammerton A mit 440 Hz gestimmt. Man benutzt sie unter anderem zum Stimmen von Instrumenten. Wenn man nun exakt diesen Ton singt oder auf einem Instrument anschlägt, beginnt die Stimmgabel mitzuschwingen.

Das ist Resonanz. Wenn eines der Dinge einen Ton abgibt, dann geben alle, die auf die gleiche Frequenz gestimmt sind, einen dazu harmonischen Ton ab. Es gibt das Sprichwort »Gleiches zieht Gleiches an«, und genauso ziehen sich Dinge mit gleicher Frequenz an.

Betrachten wir uns dazu die menschlichen Beziehungen: Menschen mit derselben Wellenlänge ziehen sich gegenseitig an und werden meist gute Freunde. Menschen von ganz verschiedener Wellenlänge, wie eng sie auch räumlich beieinander sein mögen, ziehen sich gegenseitig nicht an und haben kein Interesse an einander. Nähert sich Ihnen andererseits ein Mensch, den Sie ablehnen, dann bilden Sie genau durch diese Aversion eine Resonanz mit ihm.

Eines der größten Geheimnisse der japanischen Kriegskünste und das höchste Ziel ist das »Siegen, ohne zu kämpfen«. Mit anderen Worten bedeutet dies, keine Resonanz mit dem Gegner zu bilden. Siegen durch einen Kampf bedeutet hinwiederum, dass man mit dem Gegner eine Resonanz hat, und dies steht auf einer weitaus niedrigeren Ebene.

Wellen mit fast genau der gleichen Frequenz interferieren. Das ist das Prinzip der Überlagerung.

Was unterschiedliche Frequenzen besitzt, kann nicht in Resonanz kommen, kann nichts Andersartiges aufnehmen und entfernt sich voneinander.

Aber interessanterweise kann es auch zur Resonanz bei nicht

identischen Frequenzen kommen. Das passiert genau dann, wenn die Frequenz sich verdoppelt oder halbiert. Wenn man das A von 440 Hertz gleichzeitig mit dem eine Oktave tieferen A von 220 Hertz auf dem Klavier anschlägt, dann klingt das sehr schön. Auch die Stimmgabel reagiert auf den, eine Oktave tieferen Ton.

Bei Verdoppelung, Vervierfachung oder Verachtfachung, aber auch bei Halbierung, Viertelung und Achtelung der Frequenz gibt es eine Resonanz. Diese Zusammenhänge pflanzen sich bis in die Unendlichkeit fort. Wie entfernt auch die Frequenz sein mag, wenn es sich um ein Vielfaches einer bestimmten Frequenz handelt, dann erhält man eine Resonanz. Das bedeutet auch, dass es Dinge gibt, die auf allen Ebenen Resonanzen bilden.

Es ist so, dass sich der Mensch von Heiligen, wie Jesus Christus oder Buddha, die hohe Schwingungen besitzen, angezogen fühlt. Andererseits üben auch Menschen, die sich nicht an die gesellschaftlichen Regeln halten, die frei und wild, ja sogar böse und lasterhaft leben, wie z.B. der Verbrecher Jack the Ripper oder Hannibal aus dem gleichnamigen Horrorfilm, eine gewisse Faszination aus.

Das steht keinesfalls zueinander im Widerspruch, denn man darf nicht vergessen, dass Menschen auf verschiedenen Ebenen Resonanzen bilden. Es gibt die Redewendung: »Gutes und Böses ist hinzunehmen«, und eine solche Lebensweise entspricht wohl der Natur des Menschen.

Nun, wie sähe es aus, wenn man das Phänomen der Liebe, bei dem sich Menschen gegenseitig angezogen fühlen, mittels der Schwingungen interpretierte?

Auch das, was man Liebe nennt, ist eine Art von Resonanz. Wenn die eigenen Fähigkeiten auf einer Ebene der Schwingungsfrequenz sind, die wir beispielsweise mit 10 bezeichnen würden, dann ist man in Resonanz mit anderen, deren Fähigkeiten ebenfalls die Schwingungszahl 10 erreichen, oder man sehnt sich nach einem Partner, der eine etwas höhere Schwingungszahl, z.B. 12 erreicht.

Wenn man auf diese Art liebt, dann – glaube ich jedenfalls – werden sich die menschlichen Fähigkeiten bis zum äußersten Limit realisieren können. Wenn z.B. ein Mensch, der zwar Fähigkeiten der Ebene 10 besitzt, aber nur diejenigen der Ebene 5 verwirklicht, einen Menschen liebt, der ebenfalls die Fähigkeiten der Ebene 10 besitzt, dann wird er sich anpassen und die Fähigkeiten der Ebene 10 realisieren. Wenn nun der Partner sogar Fähigkeiten der Ebene 12 besäße, dann würden sich die eigenen Fähigkeiten ganz automatisch steigern.

Deshalb denke ich, dass verliebte Menschen gute Arbeit leisten. Wenn man verliebt ist, verändern sich sowohl die Arbeit als auch die Arbeitsumgebung, ohne dass man es merkt. Menschen, die auch in fortgeschrittenem Alter stetig gute Arbeit leisten, sind wohl auch immerzu verliebt. Natürlich ist das, was ich hier mit Liebe bezeichne, nicht nur auf das beschränkt, was man im Allgemeinen als Liebe bezeichnet. Auch menschliche Herzenswünsche und Charakterstärke sind hier mit inbegriffen.

Die Liebe erhöht die Frequenz, sie ist der Stoff, der die Menschen poliert. Liebe Leser, lasst uns unser ganzes Leben lang lieben!

Viele Dinge der natürlichen Umwelt senden meist nur eine bestimmte und festgelegte Frequenz aus. Der Ruf des Spatzes klingt uns allen gleich (obwohl er sicher von Tier zu Tier verschieden ist), und auch die Laute der Hunde und Katzen haben in unseren Ohren nicht allzu viele Variationen.

Der Mensch aber kann alle Töne von C über D, E, F, G, A, H bis zum nächsthöheren C usw. singen und Melodien erfinden. Glauben Sie nicht, dass das etwas ganz Besonderes ist?

Wir Menschen können mit allen Dingen, die es in der Natur gibt, in Resonanz kommen. Der Mensch kann sich mit allen

Dingen des Universums unterhalten, Energie geben und umgekehrt auch Energie empfangen.

Diese Fähigkeit erweist sich allerdings bei genauerer Betrachtung als ein zweischneidiges Schwert. Wenn der Mensch nur an
sein eigenes Verlangen denkend handelt, bringt er die Harmonie
der Natur durcheinander und verstreut die Energie in der Welt.

Wir Menschen selbst sind es, die diese Erde so stark verschmutzt
haben seit der industriellen Revolution, da wir generell nur noch
unsere Bequemlichkeit und unseren Luxus verfolgt haben. Das
Bewusstsein der Menschen hat eine Lebensweise geschaffen, bei
der die Ressourcen in großem Stil verbraucht werden. Damit
wird die natürliche Umwelt, unsere Erde, gefährdet.

Jetzt, zu Beginn eines neuen Jahrhunderts, steht die Menschheit meiner Ansicht nach an einem Scheideweg, an dem sie ihr
Bewusstsein verändern muss. Da sich der Mensch auf jede Frequenz einstimmen kann, dürfte es nicht unmöglich sein, ein mit
der Natur harmonisches Leben zu führen und die Erde ab jetzt
nicht noch mehr zu verschmutzen. Es hängt von jedem Einzelnen ab, welche Schwingungen in die Welt ausgesandt werden,
und was wir aus unserem Planeten Erde machen.

Welche Lebensweise wählen Sie?

Wenn wir unser Herz mit Liebe und Dankbarkeit erfüllen,
kommen immer mehr wundervolle Dinge auf uns zu, die zu
lieben sind und für die wir dankbar sein dürfen, und wir können
ein gesundes und glückliches Leben führen. Was würde geschehen, wenn wir Schwingungen der Sorgen und Unzufriedenheit
oder Trauer aussenden würden? Dann würden wir wohl eine
noch traurigere Welt heraufbeschwören, in der wir uns noch
mehr sorgen müssten.

Es hängt von Ihrer Einstellung ab, was für eine Welt Sie wählen
und was für ein Leben Sie führen.

2

Wasser – das Tor zu einer anderen Dimension

Bitte legen Sie doch kurz das Buch beiseite, schenken Sie sich ein Glas Wasser ein und stellen es auf den Tisch. Es genügt auch, wenn Sie sich vorstellen, dass Sie das tun.

Was widerspiegelt wohl das Wasser im Glas? Vielleicht, wie es in Ihrem Zimmer aussieht, die Landschaft draußen vor dem Fenster, Ihr eigenes neugieriges Gesicht. Es spiegelt verschiedene Farben, Licht, Formen und Landschaften.

Dieses Geheimnis des Wassers kennen Sie bereits.

Wenn Sie das Wasser anschauen, schaut das Wasser auch Sie an. Und nicht nur das – auch was Sie denken, die Landschaft Ihres Herzens, Ihre Ausstrahlung, all das nimmt das Wasser in sich auf.

Denken wir noch etwas weiter über Wasser nach. Weil es uns so nahe ist, machen wir alle uns normalerweise kaum Gedanken darüber. Wir trinken es, waschen uns damit und benutzen es zum Kochen. Obwohl wir ihm in allen möglichen Lebenslagen zu Dank verpflichtet wären, gibt es nur wenige unter uns, die darüber nachdenken, was denn Wasser eigentlich ist.

In Wirklichkeit gibt es keine Materie auf der Erde, die so außergewöhnlich ist wie das Wasser.

Lassen Sie uns zuerst eine einzigartige physikalische Eigenschaft des Wassers betrachten, das, was man die Anomalie des Wassers nennt:

Das Seltsamste am Wasser ist, dass Eis auf dem Wasser schwimmt.

Alle anderen Stoffe sind im festen Zustand schwerer als im flüssigen. Beim Übergang aus dem flüssigen in den festen Zustand, wird die Schwingung ihrer Moleküle und Atome langsamer, damit nehmen die Teilchen weniger Raum ein, sie können dichter beieinander sein und somit erhöht sich das spezifische Gewicht der betreffenden Substanz. Wasser aber bildet im festen Zustand, also als Eis, eine wohl geordnete Struktur, ein weitmaschiges Gitter. Verflüssigt sich das Eis, so wird die Bewegung der Moleküle um das Hunderttausendfache schneller, die Struktur löst sich auf, die Moleküle werden beweglicher, sie rücken dichter zusammen. Somit ist das flüssige Wasser schwerer als das feste Eis.

Das spezifische Gewicht des Wassers wird bei 4°C am höchsten. Deshalb liegt die Temperatur am Grund eines Sees bei 4°C, auch wenn die Lufttemperatur weit unter Null sinkt und sich an der Oberfläche des Gewässers eine Eisschicht bildet. Diese Eigenschaft des Wassers dient auf ideale Weise dazu, das Leben zu schützen.

Wenn das Wasser nicht diese wundersame Eigenschaft hätte, wenn also das Eis im Wasser versinken würde, was wäre dann die Konsequenz? Dann würden wir bestimmt nicht auf dieser Erde leben. Weil dann immer, wenn die Lufttemperaturen so weit sinken, dass Eis entsteht, der Meeresgrund und der Boden der Seen von Eisschollen bedeckt wären, so dass alles Leben zugrunde gehen müsste.

Dank der Tatsache, dass das Eis schwimmt, können viele Formen des Lebens unter der dicken Eisdecke auf den Meeren und Seen weiterleben.

Betrachten wir uns als Zweites das Wasser unter dem Aspekt, dass es andere Substanzen auflösen kann und die Fähigkeit besitzt, sie zu transportieren. Auch das ist ein ziemlich eigentümliches Verhalten.

Wie viele Stoffe im Wasser aufgelöst sind, merkt man deutlich, wenn man hundert Prozent reines Wasser herstellen möchte. In den Fabriken zur Herstellung von Halbleitern oder Medikamenten wird sogenanntes »Superreines Wasser« mit einem sehr hohen Reinheitsgrad eingesetzt, doch sobald man dieses in Behälter, etwa aus Plastik füllt, löst es sofort aus diesem Material Partikel heraus. Es ist extrem schwierig, den Zustand eines hundertprozentig reinen Wassers zu erhalten. Sie wissen sicher bereits, dass selbst in klar und rein aussehendem Grundwasser und in Bächen viele Mineralien und andere Stoffe aufgelöst sind. So wurde das Leben dieser Erde vom Wasser geboren. Das Wasser erfüllt aufgrund seiner speziellen Charakteristika, dass es Materie auflösen kann, die Aufgabe, die Zutaten des Lebens von den Bergen in die Flüsse und ins Meer zu transportieren. Daher sind die für das Leben notwendigen Elemente und Mineralien im Meereswasser enthalten, und so ist die »Suppe des Lebens«entstanden. Die Lebewesen, die jetzt auf der Erde leben, stammen alle aus ihr.

Das Wasser ist wirklich die Leben hervorbringende Kraft. Ohne Wasser können sich die Substanzen nicht untereinander vermischen und auch keinen Kreislauf durchlaufen. Das Wasser kreiert das Chaos auf der Erde, hat aber auch die Ordnung hervorgebracht, diesen blauen, vor Lebenskraft strotzenden Planeten. Schon von alters her war man der Überzeugung, dass dort, wo es Wasser gibt, die Lebenskraft wohne. Auch in Japan werden Orte, an denen Quellen sprudeln, als Zentren hoher Energie betrachtet, und die Menschen wussten von der Existenz eines »Energieweges«, der sie verbindet. Man nimmt an, dass dort unterirdisch sauberes Wasser fließt.

Das Wasser ist einerseits die lebenspendende Mutter, andererseits aber auch die Lebensenergie selbst. Aufgrund seiner charakteristischen Eigenschaften unterscheidet es sich von allen anderen Elementen dieser Erde.

Wenn ich über das in vieler Hinsicht seltsame Verhalten des

Wassers nachdenke, kann ich mir irgendwie nicht so richtig vorstellen, dass das Wasser eine Materie ist, die auf dieser Erde entstanden ist. Die derzeitige generelle Erklärung für die Existenz des Wassers auf der Erde lautet folgendermaßen: Vor ca. 4,6 Milliarden Jahren wurde Wasserdampf bei der Entstehung der Erde herausgeschleudert, verwandelte sich in Regen, fiel auf die Erde hinab und füllte die Meere.

Das geschah bei der Entstehung unseres Sonnensystems. Ein Gasklumpen drehte sich um die eigene Achse und in seiner Mitte entstand die Sonne – ein roter Ball. Die restlichen Teilchen und Gase sammelten sich und formten die Erde und die anderen Planeten. Zu diesem Zeitpunkt war die Erde noch eine feurige und brodelnde Magmamasse. In dieser war auch die Basis für das Wasser, nämlich Wasserstoff enthalten, und im Laufe des Abkühlungsprozesses wurde das Magma zu Stein, während der Wasserdampf entwich. Soweit die gängige Theorie.

Allerdings ist ein mutiger Wissenschaftler an die Öffentlichkeit getreten, um eine Gegentheorie aufzustellen. Es ist Professor Dr. Louis Frank von der Iowa Universität. Professor Frank hat die These veröffentlicht, dass das Wasser ursprünglich nicht von dieser Erde sei, sondern als Eisklumpen aus dem Weltall gekommen sei.

Das bedeutet, dass das Wasser aus dem Weltall stammt.

Durch die Untersuchung von einigen schwarzen Punkten, die Professor Frank auf Satellitenaufnahmen gesehen und für seltsam befunden hatte, kam er zu dem Ergebnis, dass diese schwarzen Punkte kleine Kometen sind, die auf die Erde herabfallen.

Bei diesen kleinen Kometen handelt es sich um Bälle aus gefrorenem Wasser von einem Gewicht von etwa hundert Tonnen. In einer Minute kommen zwanzig Bälle, in einem Jahr zehn Millionen dieser kleinen Kometen auf unsere Erde. Schon seit 4,6 Milliarden Jahren kommen auf diese Weise Eisbälle auf die Erde geflogen, und sie kommen immer noch.

Die kleinen Eiskometen werden von der Erdanziehungskraft angezogen, sie verdampfen innerhalb der Erdatmosphäre durch die Sonnenwärme und werden zu gasförmigen Konglomeraten. In fünfundfünfzig Kilometer Höhe, von der Erde aus gesehen, vermischen sie sich mit der Luft der Atmosphäre. Sie werden vom Wind verteilt und fallen, wiederum als Eiskristalle, zur Erde, die sie dann als Regen oder Schnee erreichen.

Vor vielen Jahren haben die NASA und die Universität von Hawaii ein Statement veröffentlicht, dass die These von Professor Frank glaubhaft sei. Darüber wurde auch in den Zeitungen ausführlich berichtet. Aber viele Wissenschaftler in der ganzen Welt weigern sich hartnäckig, diese Theorie anzuerkennen.

Das liegt vermutlich unter anderem daran, dass man viele der Bücher auf der ganzen Welt umschreiben müsste, wenn dies offiziell anerkannt würde. Alle wissenschaftlichen Theorien von der Entstehung der Menschheit, auch die Evolutionslehre von Darwin und andere Theorien, welche die Geschichte der Erde und des Lebens betreffen, würden geändert werden müssen.

Es ist eine allgemein anerkannte Tatsache, dass es ohne Wasser kein Leben geben kann. Wenn es jetzt heißt, dass uns das Wasser, das die Quelle des Lebens ist, vom Weltall gegeben wird, dann ist das gesamte Leben, einschließlich das von uns Menschen, nicht von dieser Erde.

Folgt man allerdings dieser Theorie, dass der Ursprung des Wassers außerhalb des Planeten Erde liegt, so kann man die verschiedenen, seltsamen Charakteristika des Wassers besser verstehen:

Warum das Eis auf dem Wasser schwimmt; warum es so viele Substanzen lösen kann, oder warum es entgegen der Schwerkraft hochsteigt und so erst die Versorgung der Pflanzen mit Wasser und Nährstoffen ermöglicht. Solch unerklärliches Verhalten des Wassers kann ohne Probleme verstanden werden, wenn man davon ausgeht, dass das Wasser ursprünglich nicht von dieser Erde ist.

Das Wasser kam vom anderen Ende des Alls geflogen – das ist

eine verrückte Sache, die man wahrscheinlich nicht so einfach glauben kann. Aber es ist auch eine aufregende und faszinierende Geschichte. Nachdem das Wasser eine lange Reise durch das Weltall beendet hat, beginnt es eine kleine Reise auf der Erde.

Die Eisklumpen, die zur Erde herabfallen, werden zu Wolken, die dann auf die Erde abregnen. Ein Großteil des Regenwassers dringt in die Erde ein und wird zu mineralreichem Grundwasser, das sich als Quellwasser wieder auf der Erdoberfläche zeigt und Flüsse formt. Das von den Flüssen in die Meere fließende Wasser wird durch die Sonnenhitze verdunstet, kehrt in die Atmosphäre zurück und bildet Wolken, um erneut als Regen auf die Erde zurückzukehren.

Dadurch, dass in diesem Prozess das Wasser die verschiedensten Substanzen, die es auf der Erde gibt, in einen Kreislauf bringt, erschafft es das Leben. Das Kohlendioxid aus der Luft löst sich im Meerwasser auf und setzt die Photosynthese in Gang. Auf diese Weise entsteht im Meer ein unvergleichlich gut ausbalanciertes Ökosystem.

In einem solchen Meer entstand das Leben vor ca. 3,8 Milliarden Jahren. Die Lebewesen entwickelten sich und Algen entstanden, die die Fähigkeit zur Photosynthese besaßen, durch die dann erstmals Sauerstoff auf der Erde freigesetzt wurde. Aus dem Sauerstoff wurde dann mittels der ultravioletten Strahlen des Sonnenlichtes die Ozonschicht geschaffen, die die Erde wie eine Schutzglocke umhüllt. Vor 420 Millionen Jahren erreichte das Leben das Land. Dank des Sauerstoffs und der Ozonschicht wurde das Leben von seiner Beschränkung auf das Meer befreit und breitete sich auch auf dem Land aus.

Es heißt, dass die Urmenschen, die Ahnen der Menschheit, erst vor etwa zwei Millionen Jahren, und zwar in Afrika geboren wurden. Wenn man die 4,6 Milliarden Jahre der Erdgeschichte in ein Jahr umrechnen würde, wären die Menschen erst abends um acht Uhr des Silvestertages dazugekommen.

Ist diese riesige Kette von dramatischen Ereignissen denn nun wirklich ein Produkt des Zufalls? Immer wenn ich träume und an diese mit der fernen Vergangenheit verbundenen Geschichten denke, dann werde ich das Gefühl nicht los, dass ein »großes Bewusstsein« das Leben auf dieser Erde entstehen ließ, ein perfekt ausgestattetes System schuf und zur Evolution führte.

Der von der Tsukuba Universität emeritierte Professor, Herr Kazuo Murakami hat das »Renin« genannte Sauerstoff-Gen des Menschen entschlüsselt und wurde dadurch weltberühmt. Er sagte, je mehr Gene des Lebens entschlüsselt werden, desto mehr Lebensformen müssen anerkannt werden – Existenzen, mit auf kleinstem Raum sorgfältig eingetragener Information. Herr Murakami nennt dies mit Hochachtung: »etwas Großes«.

Das Leben, das sich aus dem Wasser entfaltet, schreibt ein grandioses Drama, und ich glaube, man kann gar nicht darüber sprechen, ohne die Existenz des »Großen« zu berücksichtigen. Gemäß den von dem Willen des großen Universums entworfenen Szenen wird die Erzählung vom Leben entwickelt.

Was für Informationen bringt wohl das Wasser, das aus dem Weltall kommt, zur Erde? Vielleicht steht darin das Programm für das zukünftige Leben auf der Erde geschrieben.

Das Wasser, das vom Himmel fällt, sickert einige Jahrzehnte oder Jahrhunderte lang durch die Erde und wird zum Grundwasser. Die von der Technischen Universität Zürich emeritierte Professorin, Frau Joan Davis, die dreißig Jahre lang in der Schweiz Flusswasser untersucht hat, nennt solches Wasser »weises Wasser«. Das bedeutet mehr als »intelligentes Wasser«. Im Gegensatz dazu benutzt sie für gerade erst gefallenes Regenwasser den Ausdruck »jugendliches Wasser«.

Regenwasser dringt in die Erde ein, und während es durch sie hindurchfließt, nimmt es von verschiedenen Mineralien Informationen auf. So wird es zum »weisen Wasser«.

Frau Professor Davis hat sich nach dreißig Jahren vom Lehramt an der Universität zurückgezogen und widmet sich jetzt privaten Studien. Sie ist eine wunderbare Frau. Auf einem Symposium zum Thema Wasser, das in der Schweiz veranstaltet wurde, und bei dem auch ich einen Vortrag hielt, hat Frau Professor Davis außerordentlich interessante Forschungsergebnisse vorgetragen. Derzeit forscht sie über das Problem der Wasserbehandlung. Wasser, das durch das auf der ganzen Welt übliche Wasserverteilungssystem mittels langer Rohre fließt, ist in seiner Struktur nicht besonders gesund für den Menschen. Das kommt daher, dass auf das Wasser ein hoher Druck ausgeübt wird. Außerdem wird es durch gerade Rohre geschickt. Damit werden die Cluster des Wassers zerstört (Ansammlung von kristallisierten Wassermolekülen), und der im Wasser enthaltene Anteil an Mineralien geht verloren. Frau Professor Davis forscht weiter nach der Antwort auf die Frage, wie man viele Menschen mit gutem Wasser versorgen kann und wie man ein einfaches Versorgungssystem herstellen kann, das auch arme Menschen nutzen können. Zum Beispiel schlägt sie vor, Bergkristalle zu benutzen. Gibt man kleine Bergkristalle ins Wasser, so gehen die Mineralien im Wasser nicht verloren. Mit diesem Wasser gedeihen auch Pflanzen gut. Sie untersucht ebenfalls den Einfluss von Magneten und die Möglichkeiten, das Wasser in eine kreisförmige Bewegung zu bringen, indem man die Öffnung des Wasserhahnes auf eine besondere Weise gestaltet. Wie kann man das Wassers wiederbeleben, so dass es die Qualität erreicht, die das natürlich fließende hat? Das ist das Thema der Forschungen von Frau Professor Davis.

Zur Forschung über die Wasserkristalle sagte mir Frau Professor Davis: »Ich habe viele Stimmen zu den Studien über Wasserkristalle gehört. Ich glaube, dass solche Studien wichtige Hinweise geben können. Zum einen bewirken sie, dass man dem Wasser mehr Respekt entgegenbringt, zum anderen erkennt man, dass das Wasser auf ganz subtile Energien reagiert. Außerdem muss man die Naturwissen-schaftler und Politiker dafür zur Rechenschaft ziehen, dass das Wasser derzeit überhaupt nicht geschützt wird.

Auch im Bereich der Gesundheit und der Medizin glaube ich, dass diese Technologie nützlich sein könnte. Es wird zu wenig beachtet, wie wichtig die physikalischen Eigenschaften des Wassers sind. Zum Beispiel heißt es, dass mit Mineralien angereichertes Wasser gut sei, aber über die Tatsache, dass die Mineralien im Mineralwasser die Ursache für Arterienverkalkung sein können, wird nicht aufgeklärt. Und was Mineralwasser mit Kohlensäure anbelangt – auch dies ist nicht gesund, da die Kohlensäure eine sehr aggressive Säure ist. Wie dem auch sei: Bei Wasser, das nicht natürlich fließt, sondern in Flaschen abgefüllt ist, muss man aufpassen. Das Wasser will fließen.«

Professor Davis führte weiter aus:

»Auf jeden Fall ist es wichtig, den Respekt für das Wasser ›ins Herz‹ zurückzuholen. In der modernen Kultur ist die Einstellung, dem Wasser Respekt zu zollen, selten geworden. In der alten griechischen Zivilisation haben die Menschen das Wasser sehr verehrt. Um das Wasser zu schützen, wurden zahlreiche griechische Mythen geschaffen. Dann kam die Naturwissenschaft. Nur weil die Mythen nicht naturwissenschaftlich sind, wurden sie abgelehnt. Das Wasser wurde nur als eine Materie betrachtet, und man dachte, dass es ausreichen würde, es mittels Technologie zu reinigen. Es gibt den Spruch »gereinigtes Wasser ist etwas anderes als sauberes Wasser«. Wasser, das chemische Einrichtungen durchlaufen hat, ist anders als das Wasser, das schöne Kristalle zeigt. Was das Wasser nötig hat, ist nicht eine Reinigung, sondern Respekt.«

So kann nur jemand sprechen, der über viele Jahre hinweg das Wasser beobachtet hat. Es ist sehr ermutigend, wenn eine erfahrene Wissenschaftlerin, wie sie es ist, mit Respekt für das Wasser, Interesse an der Erforschung von Wasserkristallen zeigt.

Schließlich hat mir Frau Professor Davis folgenden Rat gegeben: »Wenn durch die Wasserkristallforschung physikalische Gegebenheiten sichtbar gemacht und überzeugend nachgewiesen werden können, kann sie sich weltweit verbreiten. Die Schweiz genießt, was das Thema Wasserforschung anbelangt, in der ganzen Welt höchstes Ansehen.«

Da ich gerade dabei war, ein Zentrum für kulturelle Studien mit dem Schwerpunkt Wasserforschung ins Leben zu rufen und vorhatte, den Hauptsitz in der Schweiz einzurichten, war dieser Ratschlag von Frau Professor Davis sehr ermutigend.

Das Wasser speichert Informationen, und dadurch, dass es um die Erde reist, verbreitet es die Information. Man nimmt an, dass das Wasser, das aus dem Weltall auf die Erde kommt, die Information des Lebens bereits in sich trägt. Eine geeignete Methode, um zu erfahren, welche Information im Wasser gespeichert ist, ist die Betrachtung der Wasserkristalle.

Wenn mein Blick auf die Vielzahl der wundervollen Wasserkristalle fällt, die das Wasser uns zeigt, fühle ich, dass es uns die Formen des Lebens zeigt. Die klare Schönheit des Kristalles, das ein Wasser ausbildet, dem man das Wort »Danke« gezeigt hatte; die feierliche Pracht, wenn es auf »Liebe und Dankbarkeit« reagiert: Das ist der lebendig funkelnde Ausdruck der Seele, der dem Wasser Form verleiht.

Die Tatsache, dass wir die Wasserkristalle sehen, kann man auch selbst wiederum als eine Form des Leben-Verleihens bezeichnen. Denn dadurch, dass Sie das Wasser betrachten, verändert es sein Gesicht mit jedem Augenblick. Der Blick ist Energie. Ein mit guten Absichten geworfener Blick wirkt stärkend. Umgekehrt raubt ein böser Blick mit feindseliger Absicht die Energie.

Vor einiger Zeit hat eine Leserin der Zeitschrift, die ich herausgebe, folgendes Experiment gemacht: Sie hat in zwei Gläser gekochten Reis gegeben und dem einen »Danke«, dem anderen »Dummkopf« gesagt. Dann untersuchte sie, wie sich der Reis bei einer täglichen Behandlung über einen Monat hinweg verändert hatte. Ihre Kinder im Grundschulalter hatten jeden Tag, wenn sie aus der Schule heimkehrten, die Gläser angeschaut und mit dem Reis gesprochen. Nach einem Monat hatte der Reis, dem »Danke« gesagt wurde, im fermentierten Zustand einen aromatischen Duft von Hefe. Dagegen war der Reis, dem »Dummkopf« gesagt wurde, verfault und ganz schwarz geworden.

Als ich das Ergebnis dieses Versuches im Bildband über Wasserkristalle vorstellte, machten viele hundert Haushalte in ganz Japan dieses Experiment nach. Sie berichteten, dass sie überall zum gleichen Ergebnis gekommen waren, aber darunter war auch eine Familie, die den Versuch etwas abgewandelt hatte: In diesem Haushalt hatte man neben den Gläsern mit Reis für »Danke« und »Dummkopf« noch ein drittes Glas mit Reis gefüllt, dem man weder ein Etikett anklebte noch ein Wort sagte. Man ignorierte das Glas einfach.

Wie ist das Ergebnis ausgefallen? Noch rascher als der Inhalt des Glases, das mit »Dummkopf« angesprochen wurde, war derjenige des Glases, das man ignoriert hatte, verfault. Viele Menschen führten daraufhin diesen Versuch durch, das Ergebnis war immer das gleiche. Noch mehr als herabgewürdigt zu werden, schädigt es, wenn man nicht einmal angesprochen wird.

Interesse zu zeigen, das allein gibt bereits Energie. Was dem Leben am meisten Schmerzen zufügt, ist, wenn es nicht beachtet, sondern ignoriert wird.

Ich meine, dass uns dieser Versuch etwas Wichtiges lehrt: Wir sollten die Kinder beachten und mit ihnen reden. Schwangere, bitte achtet auf das Ungeborene in eurem Bauch und sprecht sanft mit ihm.

Auch die im Zimmer aufgestellten Pflanzen mit ihren bunten Blättern werden, wenn man ihre Schönheit beachtet und sie anspricht, mit noch schönerem Wachstum reagieren. Sprechen Sie doch auch möglichst mit den Haustieren und den Insekten.

Ich hoffe, dass dadurch, dass ich dieses Buch schreibe, mehr Menschen Interesse am Wasser entwickeln und das Wasser mit einem positiven Bewusstsein betrachten. Dann wird das Wasser bestimmt noch schönere Kristalle zeigen. In dem Augenblick werden Sie in aller Bescheidenheit eine schöne Welt schaffen.

Daran würden sich sicher auch die Gottheiten erfreuen. Die Gottheiten haben uns Menschen mit derselben Schöpferkraft ausgestattet, die sie selbst besitzen, und diese Kraft einzusetzen liegt in unserer Macht; dabei würden sie ohne Zweifel wohlwollend zuschauen.

Das Gedächtnis des Lebens, das in einem Eisklumpen aus dem Weltall kommt: Aus diesem Gedächtnis ist das Leben, ist die Menschheit, sind wir selbst geboren. Wenn wir uns jetzt wieder dem Wasser zuwenden, hauchen wir ihm von neuem Leben ein. Ihr Bewußtsein, Ihr Blick, Ihr mit gutem Willen angefülltes Herz, Ihr liebevolles Lächeln, all diese Dinge hauchen dem Wasser neues Leben ein und werden ein neues Weltall kreieren.

3

Das Bewusstsein erschafft alles

Von dem Moment an, als mich die Faszination des Wassers ergriff, habe ich lange Jahre Versuche mit Wasser gemacht, und es bot sich mir auch die Möglichkeit, Wasser in aller Welt zu sehen. Das Wasser aus allen Regionen der Welt hat mir sein schönes Gesicht mit jeweils individuellen Zügen gezeigt.

Andererseits ist mir auch nicht entgangen, dass auf der ganzen Welt das Wasser verschmutzt wird. Die WHO (Weltgesundheitsorganisation) prophezeit: Die Kriege des zwanzigsten Jahrhunderts begannen als Streit um Erdöl. Aber im 21. Jahrhundert werden sie wohl im Kampf um sauberes Wasser ausbrechen.

Ich habe bereits erwähnt, dass das Leitungswasser jeder japanischen Großstadt aufgrund der Chlorbehandlung keine richtigen Wasserkristalle mehr ausbilden kann. Anfang des zwanzigsten Jahrhunderts begann man in London damit, das Leitungswasser mit Chlor zu reinigen. Bereits seit fünfzig Jahren wird diese Methode auch in Japan angewandt.

Verglichen mit dem Leitungswasser zeigt Wasser von Quellen und aus den Oberläufen der Flüsse, die noch natürliche Gewässer sind, wirklich schöne Kristalle. Doch dieses Wasser ist vor mehr als fünfzig Jahren als Regen auf die Erde gefallen, zu Grundwasser geworden und schließlich als Quellwasser wieder an die Oberfläche gekommen. In den letzten fünfzig Jahren hat sich die Industrialisierung in Japan enorm entwickelt.

Man nimmt an, dass die Verschmutzung des Regenwassers bereits globale Ausmaße erreicht hat. Als ich das Wasser einer japanischen Stadt, in der es ein Problem mit Dioxin gibt, erstmals untersuchte, zeigte es nicht einmal ein Fragment eines Kristalls, sondern nur eine abscheuliche Form. Durch Umweltverschmutzung, ganz besonders durch die Verunreinigung des Wassers, werden solche giftigen Schadstoffe dann auf der ganzen Erde verteilt und wirken sich für Jahrzehnte aus.

Doch ich kann sehen, dass es Rettung gibt: Mit der Steigerung des Umweltbewusstseins der Bürger jener Stadt, zeigt auch das Leitungswasser von Jahr zu Jahr schönere Kristalle. Auch die Umweltverschmutzung ist ursprünglich ein Produkt des menschlichen Bewusstseins. Ein egoistisches Bewusstsein, bei dem das Hauptinteresse darauf liegt, dass die betreffende Person selbst ein reiches und bequemes Leben führen kann, hat die Umweltverschmutzung verursacht, die jetzt zu einem Weltproblem geworden ist.

Das Wasser ist ein Spiegel der Seele, das haben wir bereits aus den Wasserkristallfotografien der beiden letzten Kapitel erkannt. Es scheint, dass das Wasser uns lehrt, wie die Zukunft von uns Menschen sein sollte.

Wohin werden wir uns wenden? Welche Rolle sollen wir übernehmen, um diese Erde zu schützen?

Gerade während ich dieses Manuskript schreibe, wird in einem Fernsehbericht gesagt, dass alle Elemente durch die extrem hohen Temperaturen bei der Explosion eines Sterns weit draußen im Universum entstehen. Auch das ist sehr interessant.

Wenn ich über solche Dinge nachdenke, dann kommt mir auch Folgendes in den Sinn:

Das Erste und Wichtigste ist, auf das Wunderbare im Menschen aufmerksam zu werden. Ist es nicht langsam an der Zeit aufzuhören, sich selbst als Bösewicht darzustellen? Untertreiben wir nicht bei der Bewertung unserer Fähigkeiten? In Wirklichkeit besitzt der Mensch ganz außergewöhnliche Kräfte.

In der Biochemie sind bisher 108 bis 111 Elemente bekannt. Ich glaube, dass es nur 108 sind, und dass es nur der Mensch ist, der alle 108 Elemente in sich vereinigt. Es heißt zwar, der Mensch bestehe nur aus wenig mehr als neunzig bekannten Elementen, aber vielleicht gibt es im Körper noch einige unentdeckte. Vielleicht wird der Mensch auch durch weitere Entwicklung ein vollkommener Mensch, der dann auch die noch fehlenden Elemente besitzt.

Je höher ein Lebewesen auf der Entwicklungsstufe steht, desto mehr Elemente sind in seinem Körper vorhanden. Die Anzahl der Elemente in den Pflanzen ist verschwindend klein im Vergleich zu der in den Menschen. Was für einen Unterschied macht es, wenn ein Lebewesen weniger Elemente hat? Ich glaube, dass dadurch die Gefühle weniger sind. Ein Schmerzgefühl haben auch andere Wesen, aber höhere Empfindungen, wie Traurigkeit oder Bewegtheit, haben höchstens noch die uns nahe stehenden Tiere.

Wenn wir den Menschen als ein Mikro-Universum betrachten, ist es nur natürlich, von ihm anzunehmen, dass er alle Elemente in sich vereinigt.

In der buddhistischen Lehre heißt es, der Mensch habe 108 Emotionen und diese verursachen das Leid im Leben. Zu diesen »Leidenschaften« gehören auch so negative Emotionen wie Zweifel, Anhaften, Neid, Eitelkeit und andere. Wir tragen sie bereits bei der Geburt im Herzen. Ich denke, dass diese 108 Leidenschaften jeweils einem der 108 Elemente, die, meines Erachtens, im menschlichen Körper vorhanden sind, entsprechen.

Das Schwingungsmessgerät, das ich als Erster in Japan eingeführt habe, hat diesen Sachverhalt ausgezeichnet bewiesen. Ein Schwingungsmessgerät misst die individuellen Schwingungen einer jeden Substanz und überträgt sie, zum Beispiel, auf Wasser.

Ich habe mit diesem Gerät die Schwingungen vieler Menschen gemessen. Dadurch fand ich heraus, dass die Schwingungen der menschlichen Gefühle jeweils mit der Schwingung eines Elementes korrespondieren.

Das Gefühl der Nervosität, zum Beispiel, hat dieselbe Schwingung wie Quecksilber, Wut eine ähnliche Schwingung wie Blei, Traurigkeit und Einsamkeit entsprechen Aluminium. Auf die gleiche Weise sind Sorgen und Unsicherheit mit Kadmium, Irrtum mit Eisen und zwischenmenschlicher Stress mit Zink verbunden.

Die Tatsache, dass die Verwendung von Töpfen und Geschirr aus Aluminium »Alzheimer« verursachen kann, ist in den letzten Jahren endlich belegt worden. Und da die Schwingungen des Aluminiums denjenigen der Einsamkeit und der Traurigkeit sehr ähnlich sind, zieht die Einsamkeit und Traurigkeit der alten Menschen das Aluminium an, und das kann dann das Krankheitsbild »Alzheimer« auslösen.

Dazu ein interessantes Beispiel, von dem die Schweizer Wasserqualitätsforscherin Joan Davis berichtete:

»Ein Physiker hat einmal folgendes Experiment gemacht: Wie wird Wasser durch die Stellung der Planeten des Sonnensystems beeinflusst?

Er verwendete mehrere Gefäße mit Wasser. In diesem Wasser befand sich jeweils ein anderes Metall, und zu bestimmten Zeiten, wenn die Planeten eine bestimmte Position erreicht hatten, prüfte er, wie sich das Wasser beim Aufsaugen mit einem Löschblatt verhielt. Dabei stellte er fest, dass, wenn zum Beispiel der Saturn einen starken Einfluss auf die Erde ausübte, das mit Blei versetzte Wasser eine Reaktion zeigte. Nur dieses ließ sich vom Löschblatt aufsaugen. Die Proben mit anderen Materialien, wie Bronze, Silber oder Eisen, zeigten dagegen keine Reaktion.

Aus diesem Ergebnis kann man folgern, dass Saturn eine enge Beziehung zu Blei hat. Die Metalle korrespondieren mit den Gefühlen und Stimmungen der Menschen. Von diesem Standpunkt aus gesehen, bedeutet dies, dass der Saturn eine enge Beziehung zur Energie der Wut hat.

Die Charakteristika der Planeten, die ihnen in der Astrologie zugeschrieben werden, könnten mit denen der Metalle korrespondieren.«

Diese Geschichte ist sehr interessant und hat viel mit meiner eigenen Theorie von den Entsprechungen zwischen den 108 Leidenschaften und den 108 Elementen zu tun. Es gibt neun Planeten (Erde, Mars, Venus, Merkur, Jupiter, Saturn, Uranus, Pluto, Neptun) im Sonnensystem, und wenn man diese Zahl mit 12 multipliziert, ergibt das 108. Wenn man dies aus dem Periodensystem umrechnet, kann man vielleicht herausfinden, welche Elemente zu welchem Planeten in Bezug stehen.

Solange der Mensch lebt, kann er den 108 Emotionen nicht entkommen. Wie soll man dann mit den ständig aufwallenden negativen Gefühlen umgehen? In der Lösung dieser Frage liegt auch das Geheimnis für ein erfülltes, glückliches Leben.

Wie soll man denn mit der Wut, der Trauer oder dem Neid umgehen, wenn sie einen überfallen?

Zunächst einmal begreifen Sie bitte, dass man keines der Gefühle leugnen muss. Jeder Mensch ist mit negativen Gefühlen geboren worden. Jeder Mensch wurde mit dem Gedächtnis seiner Vorfahren seit der Entstehung der Menschheit geboren. Darin sind natürlich auch negative Gefühle enthalten.

Aber wenn man von negativen Gefühlen gepackt wird, die an Körper und Geist zehren, ist das eine unangenehme Sache. Was also kann man tun, um ein solches Gefühl – wenn auch nur vorübergehend – zu löschen? Nach den Regeln der Schwingungslehre gibt es darauf eine klare Antwort: Man braucht nur die genau umgekehrte Schwingung des unangenehmen Gefühls zu aktivieren. Durch die Überlagerung der beiden Schwingungsformen verschwindet das negative Gefühl.

Vor vielen Jahren hat ein Institut einer japanischen Universität eine »Methode zur Auslöschung von Geräuschen mittels Geräuschen« erfunden: Man erzeugt ein Geräusch, das im Gegensatz zu dem »Lärm« steht, den man beseitigen will. Es ist den Forschern zum Beispiel in einem Versuch gelungen, die Umgebung eines klingelnden Telefons ruhig zu halten. Sie analysierten die Schwingungsform des Klingelns und strahlten über einen Lautsprecher die entgegengesetzte Schwingungsform aus. Auf diese Weise wurde es möglich, dieses Telefonklingeln in einem bestimmten Bereich völlig auszublenden. Heutzutage wird dieses Verfahren in der Technologie eingesetzt, um die Motorengeräusche von Autos für die Insassen auszublenden.

Bei den menschlichen Gefühlen kann man dasselbe tun. Jedem negativen Gefühl kann man ein positives Gefühl gegenüberstellen. Die beiden Gefühle in der folgenden Übersicht haben jeweils genau entgegengesetzte Schwingungen:

Neid	Dank
Wut	Sanftheit
Angst	Mut
Unsicherheit	Sicherheit
Nervosität	Ruhe
Druck	Selbstbeherrschung

Die zwei sich widersprechenden Gefühle haben die gleiche Schwingungsform, sie schwingen nur in umgekehrter Richtung. Das bedeutet auch, dass jeder Mensch zwei Gesichter hat, wie Dr. Jekyll und Mr. Hyde. Sie wissen sicher alle, dass es kaum einen Menschen gibt, der so viele Tränen vergießt, wie ein Jähzorniger. Man hört oft, dass Menschen, die von allen als »gute Menschen« bezeichnet werden, eines Tages plötzlich zu Verbrechern werden. Auch wird immer wieder in den Zeitungen von Trennungsgeschichten berichtet, bei denen ein Mann, der, während die Beziehung bestand, stets sanft war, völlig verändert reagiert, sobald die Frau von Trennung spricht, und ihr aufdringlich, ja sogar aggressiv nachstellt.

So wie es keine Menschen mit nur guten Charakterzügen gibt, so gibt es auch keine von Grund auf extrem bösen Menschen. Man kann wohl sagen, dass es zur wahren menschlichen Natur gehört, beide Seiten zu besitzen.

Wird man also von einem negativen Gefühl befallen, kann man dieses mit dem genau entgegengesetzten Gefühl auslöschen. Das heißt, dass Menschen, die vor Neid krank geworden sind, durch die Reintegration von Dankbarkeit in ihr Herz ihren Körper heilen können.

Doch ist es schwierig für einen Menschen, dessen Herz voller Neid auf andere Menschen ist, nur aufgrund des vorher Gesagten, sofort die Dankbarkeit in sein Herz aufzunehmen. In einem solchen Fall hilft es, einen Heiler zu rufen, der an Stelle des Kranken die Dankbarkeit vertreten wird.

Auch die berühmte Wunderquelle von Lourdes in Frankreich, deren Wasser Schmerzen zum Verschwinden bringt, enthält wohl in ihrem Wasser die Gedanken der Dankbarkeit Marias. So wird ein Mensch, der durch die Schwingungen des Neides krank wurde, auf wunderbare Weise durch Trinken dieses Wassers geheilt.

Die Behandlung mit Homöopathie funktioniert nach dem gleichen Prinzip. Warum verwandelt sich sogar ein Stoff, der ursprünglich giftig ist, in Medizin, wenn man ihn so stark verdünnt, dass theoretisch keine Moleküle der Materie mehr in der verdünnten Flüssigkeit enthalten sind? Das bedeutet, dass Gift und Medizin letztendlich gleich sind, wenn die materiellen Anteile vollständig verschwunden sind und nur noch die Information der Schwingungen übrigbleibt.

Ursprünglich ist das, was wir als Medizin bezeichnen, nicht gesund. Selbstverständlich kann man Schmerzen und Krankheitszustände mit Medikamenten beseitigen. Doch Medikamente können auch als sehr starkes Gift wirken.

Schmerzstillende Medikamente wirken, weil die Schwingungsform des Medikamentes der des Schmerzes entgegengesetzt ist. Mischt man verschiedene Grundstoffe, so entsteht eine Substanz mit einer bestimmten Schwingungsform. Solche Substanzen werden zum Beispiel Mäusen gespritzt, und wenn die Ergebnisse dieser Experimente am Tier positiv sind, geht man davon aus, dass auch der Mensch diese Substanzen einnehmen kann.

Nimmt man ein solches Medikament ein, werden die Schmerzen gestillt, indem sich die Schwingungen gegenseitig aufheben. Doch dann zerfällt die Substanz wieder in ihre Bestandteile, und diese haben wieder ihre, ihnen eigenen Schwingungen. Wenn sich diese jeweiligen Schwingungen schädigend auf die Zellen des Organismus auswirken, kommt es zu dem, was man als Nebenwirkungen bezeichnet.

Medikamente sprechen tatsächlich auf die Krankheiten an, doch ihre Wirkungsweise wird nicht klar verstanden.

Vom Standpunkt der Schwingungen aus betrachtet, erscheint das Heilen als eine ganz andere Welt.

Die Chirurgie versucht zerstörte Schwingungen durch noch stärkere Schwingungen zu heilen. Eine Operation ist meistens nötig, wenn Organe oder Zellen tief greifend Schaden genommen haben. In dem Moment, in dem zum Beispiel ein Mensch, der von einem Dach gefallen ist, auf der Erde aufschlägt, beschleunigen sich die Schwingungen seines Körpers um das Vielhundertfache der normalen Frequenz. Das ist ein Ausnahmezustand. Die plötzliche Veränderung der Schwingungsfrequenz führt im Extremfall zum Tod, zumindest verursacht sie starken Schmerz. Unter diesen Umständen kann man nicht mehr mit einer Methode heilen, die der ursprünglichen Schwingung adäquat war.

Hier kommt das Skalpell bei der Operation zum Einsatz. Die

Form scharfer Klingen hat selbst eine hohe Schwingungszahl. Eine Operation ist ein Versuch, mit dem Einsatz von Instrumenten mit einer hohen Schwingungszahl, durcheinander geratene Schwingungen wieder in Ordnung zu bringen.

Ich bin der Ansicht, dass die Ärzte, die mit dem menschlichen Körper umgehen, Philosophen sein sollten. Früher waren es Schamanen, Priesterinnen oder Mönche, die die Menschen heilten, und zwar, so nimmt man an, indem sie ihre Patienten veranlassten, den richtigen Lebensstil nach den Naturprinzipien zu führen, und indem sie in ihnen die natürliche Heilungskraft weckten.

Wenn die Medizin nicht nur die kranken Teile des Körpers behandeln, sondern sich auch des Bewusstseins des Menschen annehmen würde, so käme vielleicht einmal der Tag, an dem die derzeitigen Ärzte und Krankenhäuser unnötig werden würden. Wer krank wird, besucht einen Philosophen, befragt ihn danach, wo er in seinem Leben Fehler gemacht hat, oder wo er in die Irre gegangen ist, begreift seine Fehler und berichtigt seinen Lebensstil. Die Ärzte der Zukunft werden vielleicht als Lebensberater in diesem Sinne wirken.

Bei meiner Tätigkeit in der Gesundheitsberatung habe ich immer wieder die Erfahrung gemacht, dass Krankheit von negativen Gefühlen verursacht wird. Werden die verursachenden Gefühle rechtzeitig erkannt und beseitigt, kann jeder die Gesundheit wiedererlangen. Dafür ist es wichtig, möglichst positive Gefühle zu haben.

Dass eine positive Einstellung das Immunsystem stärkt und bei einer Krankheit eine Umstimmung bringen kann, wird derzeit auch medizinisch bewiesen. Durch das Bergsteigen zum Beispiel erhalten Krebspatienten wieder einen Lebenssinn. Viele Ärzte wenden inzwischen Heilmethoden an, die auf einer Stärkung des Immunsystems basieren.

Außerdem gibt es immer mehr Befürworter der »holistischen

Medizin«, die fordert, nicht nur den Teil des Körpers zu betrachten, in dem das Symptom auftritt, sondern den Menschen als Ganzes zu sehen, was sowohl die Seele des Patienten als auch seinen Lebensstil mit einschließt. Auch in Japan wurde eine Organisation ins Leben gerufen, um die holistische Medizin zu fördern.

Die Zeit, in der man nur an das glaubte, was man auch sehen kann, ist längst vorbei. Immer mehr Menschen interessieren sich ganz intensiv für die Seele des Menschen. Das halte ich für eine sehr gute Tendenz. Die Zeit schreitet wirklich in diese Richtung fort. Vielleicht wird diese Art zu denken in diesem Jahrhundert noch zur Hauptströmung werden.

Der menschliche Körper besteht, wie gesagt, zum großen Teil aus Wasser. Das Bewusstsein ist die Seele. Das Wasser sauber und in Fluss zu halten, ist die beste Gesundheitsvorsorge. Das hilft der Seele einen klaren Zustand zu erreichen. Wollen Sie nicht versuchen, Ihren ganzen Körper mit wunderschönen Wasserkristallen anzufüllen? Alles hängt von Ihren Gefühlen ab.

Liebe ist das beste aller Medikamente. Seitdem ich das erkannt habe, habe ich immer wieder gesagt: »Immunstärke ist Liebe«. Die Liebe besiegt jede negative Kraft und ist die stärkste Verbündete bei der Wiederherstellung der körperlichen Konstitution.

An diesem Punkt angelangt, muss ich allerdings den Ausspruch etwas abändern. Ich habe begriffen, dass das, was die Immunstärke ausmacht, nicht die Liebe allein ist, sondern »Liebe und Dankbarkeit«. Das kann man auch aus dem folgenden Versuch erkennen:

Um zu sehen, welch schlechten Einfluss elektromagnetische Schwingungen haben, haben wir Wasser in einen Mikrowellenherd gestellt und danach die Kristalle untersucht. Als wir einen Vergleich anstellten zwischen unbeschriftetem destillierten Wasser und solchem, das die Worte »Liebe und Dankbarkeit«

gesehen hatte, ergab das Wasser ohne Aufschrift eine amorphe Form, deren Inneres bedrohlich aussieht; das Wasser jedoch, das die Worte »Liebe und Dankbarkeit« gesehen hatte, hatte einen Kristall gebildet. Es ist anzunehmen, dass die Schwingungen der Worte »Liebe und Dankbarkeit« eine Immunwirkung haben und damit verhindern, dass sich die schlechten elektromagnetischen Schwingungen negativ auswirken.

Ich habe bereits darauf hingewiesen, dass Wasser, das die Worte »Liebe und Dankbarkeit« gesehen hat, die schönsten Kristalle ausbildet. Natürlich gibt es auch schon einen durchaus schönen Kristall bei der Verwendung des Wortes »Liebe« allein, benutzt man jedoch »Liebe und Dankbarkeit«, kommt eine tiefere Qualität hinzu. Der Kristall besitzt ein prachtvolles Leuchten wie ein Diamant.

Es wurde deutlich, dass der Kristall von »Liebe und Dankbarkeit« eher dem Kristall von »Dankbarkeit« allein ähnelt als demjenigen von »Liebe« allein. Das heißt, es sind vor allem die Schwingungen von »Dankbarkeit«, die den wesentlichen Einfluss ausüben.

Liebe ist eher eine aktive Energie. Das Geben bedingungsloser Zuneigung, das ist Liebe.

Dagegen ist Dankbarkeit die Energie des Annehmens. Man ist dankbar für etwas, das man bekommen hat. Um Hôsai Ozaki, einen bekannten Dichter, zu zitieren: »Es gibt kein Gefäß, deswegen nehme ich es mit meinen beiden Händen an.« Das bedeutet, das, was gegeben wird, mit beiden Händen einfach zu empfangen – das ist Dankbarkeit.

Liebe und Dankbarkeit stehen im gleichen Verhältnis zu einander wie Yin und Yang. Wenn Liebe die Sonne wäre, wäre Dankbarkeit der Mond. Wenn der Mann die Liebe wäre, so wäre die Frau die Dankbarkeit.

Warum hat dann die passive Energie der Dankbarkeit, des Yin, eine stärkere Macht als die der Liebe?

Während ich darüber nachsann, kam mir eine erste Idee dazu. Das war eine Idee, die einen guten Hinweis darauf gibt, wie der Mensch am besten leben sollte.

In welcher Beziehung stehen Liebe und Dankbarkeit zu einander? Auch hier habe ich das Wasser als Modell genommen.

Wasser besteht aus zwei Wasserstoffatomen, chemisches Symbol: H und einem Sauerstoff-Atom, chemisches Symbol: O, die sich zu einem Molekül zusammengeschlossen haben. H_2O ist das Symbol für Wasser. Nehmen wir nun an, auch Dankbarkeit und Liebe wären im Verhältnis von zwei zu eins verbunden, dann wäre aus dem Kräfteverhältnis klar, dass die Dankbarkeit zweimal und die Liebe einmal vorhanden wären. Dankbarkeit ist doppelt so viel vorhanden wie Liebe.

Ist es nicht die ursprüngliche Lebensform des Menschen, mit zweimal Dankbarkeit und einmal Liebe zu leben? Als ich davon in einem Seminar sprach, kamen danach zwei junge Frauen auf mich zu und meinten: »Ihr Vortrag hat uns sehr bewegt. Entspricht das Verhältnis von Liebe zu Dankbarkeit dem, dass der Mensch einen Mund zum Sprechen hat, aber zwei Ohren, um den anderen Menschen zuzuhören?«

Ich dachte »Aha!« und antwortete aus dem Stegreif: »Ja, genauso ist es.« Ich habe sehr viel von den Beiden gelernt.

Auch wenn man die natürliche Welt betrachtet, sieht es so aus, als ob die passive Energie stärker wirken würde. Meeresfische zum Beispiel legen eine große Anzahl von Eiern, aber nicht alle davon werden ausgebrütet. Es wird nur ein Bruchteil davon zu Jungfischen werden; den übrigen, größten Teil der Eier überlassen sie den anderen Fischen: »Bitte sehr, esst sie auf.«

Haben die Menschen denn bisher mit Dankbarkeit und Liebe im Verhältnis von zwei zu eins gelebt? Ich glaube, dass der Mensch genau den umgekehrten Weg beschritten hat.

Sicher, das Wunderbare der Liebe ist von alters her oft beschrieben worden. Und ich denke auch, dass die Menschen die Kraft, die aus der Liebe entsteht, sehr gut verstanden haben. Da aber die Scheinwerfer zu sehr auf die Liebe gerichtet sind, wurde eine Zivilisation aufgebaut, die nur das Aktive betont.

Bisher sind wir Menschen von den unsichtbaren, vom Herzen deutlicher und einfacher zu verstehenden Dingen abgelenkt worden. Um materielle Reichtümer zu erlangen, roden wir die Wälder, kämpfen mit den Wüsten und haben die Zivilisation errichtet – sicher sind das Handlungen, die aus der Liebe heraus entstanden sind. Für die geliebten Menschen, für das geliebte Land … Aber solange wir auf diese Weise leben, hört der Kampf nicht auf. Die Geschichte der Menschheit bis zum zwanzigsten Jahrhundert kann man als eine Aneinanderreihung von Schlachten bezeichnen.

Doch wir sind an dem Punkt angelangt, dass wir nicht mehr weiter bestehen können, wenn wir diesen Lebensstil fortführen. Um materielle Reichtümer zu erlangen, haben wir in Wirklichkeit enorm viel geopfert: Die Wälder wurden zerstört; das saubere Wasser ging verloren; sogar die Erde wurde stückweise verkauft.

Was wir jetzt nötig haben, ist ein Gefühl der Dankbarkeit. Zunächst müssen wir damit beginnen »zu wissen, was genug ist«. Seien wir dankbar dafür, dass wir auf dieser Erde mit ihrer reichhaltigen Natur geboren wurden und dass das Wasser uns ernährt – und wie wunderbar ist es doch, seine Lungen mit wohlriechender Luft zu füllen.

Wenn wir mit offenen Augen durch das Leben gehen, erkennen wir, dass die Welt im Überfluss Dinge bietet, für die wir dankbar sein sollten.

Wenn Sie selbst zu Dankbarkeit geworden sind, wie sauber wird dann erst das Wasser sein, das Ihren Körper erfüllt? Dann werden Sie selbst zu einem lichtfunkelnden Kristall werden.

Nun wollen wir uns wieder einige Wasserkristallfotografien ansehen. Der Titel lautet: Wasser der Erde. Ich zeige Ihnen zum Vergleich Wasserkristalle von Wasser, das Bilder aus verschiedenen Regionen der Erde, aus Städten und der freien Natur und von alten Kultstätten gesehen hat sowie Wasser, das unterschiedliche Musik gehört hat.

Wir zeigten dem Wasser Landschaftsbilder aus aller Welt

Wir haben das in Flaschen abgefüllte Wasser auf Bilder schöner Landschaften gestellt und dann seine Kristalle fotografiert. Wie haben sich wohl die Landschaften in den Kristallen widergespiegelt?

Sonne

Das ist etwas anderes als eine Landschaft, aber es ist die Fotografie einer würdevollen Sonne. Der Kristall breitet sich groß über die ganze Fläche aus. Er zeigt wirklich eine Sonne.Grundlagen des natürlichen Lebens sind.

Fujiyama

Der berühmte Berg, der auch ein Symbol für Japan ist, wird von der Morgensonne gekrönt. Auch der Kristall zeigt Farben, als ob er von der Morgensonne angestrahlt würde. Ist das Zufall?

Rocky Mountains

Die als Rückgrat Nordamerikas bezeichneten Rocky Mountains sind von ewigem Schnee bedeckt. Der prachtvolle Kristall sieht ebenfalls wie von Schnee bedeckt aus.

Victoria Falls

Ein riesiger Wasserfall in Simbabwe in Afrika. Der Wasserkristall zeigt den mächtigen Victoria Fall mit starken Verbindungen zwischen den Ecken.

Stonehenge

Der Megalithenbau Stonehenge in England wurde wohl aus energiegeladenen Steinen gebaut. Der Kristall streckt sich voller Energie aus.

  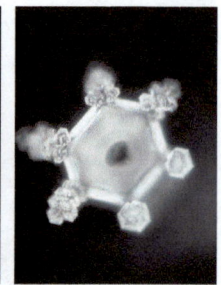

Korallenriffe

Jedes der drei Bilder hat seine Eigenarten, doch gemeinsam ist ihnen, dass sich winzige Kristalle wie Riffe sammeln. Sie scheinen ein Paradies für die bunten Fische darzustellen.

Savanne

Das ist ein sehr feiner Kristall, der Bäume zeigt. Er scheint von der Größe der das Leben nährenden Natur zu erzählen.

Regenwald in Südostasien

Der kräftig wuchernde Regenwald beschützt seit mehreren hunderttausend Jahren ein Ökosystem. Dies scheint der stabile Kristall mit seiner subtilen Ausgewogenheit zu symbolisieren.

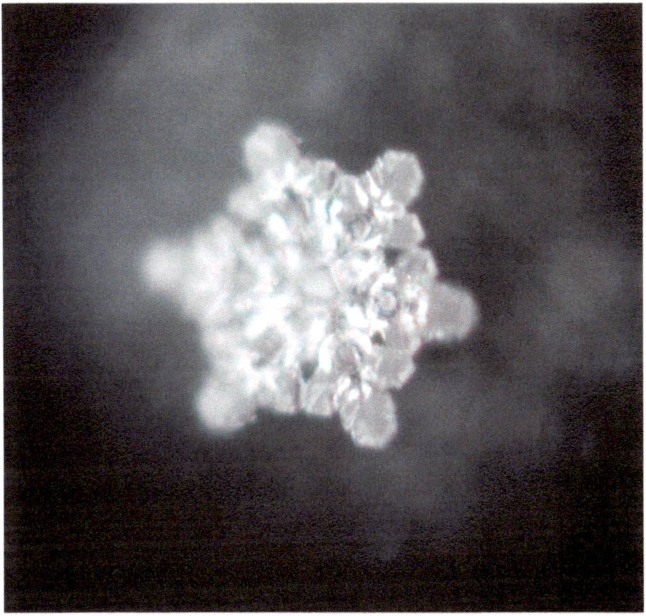

Peru, Macchu-Picchu

Hier kann man wohl einen Blick von der Form des blühenden Inka-Reiches erhaschen. Der Kristall ist zwar klein, doch wie ein prächtiger Diamant gestaltet.

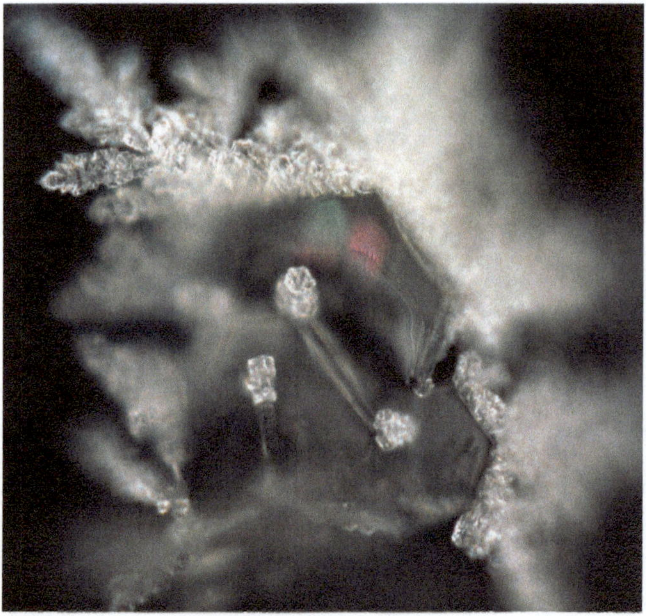

Amerika, See im Yellowstone Nationalpark

Der im Yellowstone Nationalpark liegende See hat eine frische, blaue Farbe. Weil im Kristall die schöne Färbung wie von Edelsteinen auftaucht, stelle ich ihn hier vor.

Heitate Schrein

Der älteste Schrein Japans wurde in den letzten Jahren dafür
bekannt, dass hier das Felsentor zum Himmel geöffnet wurde.
In dem Kristall kann man auch erkennen, wie die beiden Tor-
flügel nach oben geöffnet sind.

Wasser hörte Musik aus aller Welt

Jede Musik hat ihren eigenen Rhythmus und ihre eigene Melodie. Das Wasser gibt jeden dieser Klänge in einem charakteristischen Kristall weiter.

Rezitation buddhistischer Sutren auf Tibetisch

Komplizierte Kristalle sind ineinander verwoben und zeigen eine ausgeprägte Form. Vielleicht sind sie den in Tibet gemalten Mandalas ähnlich.

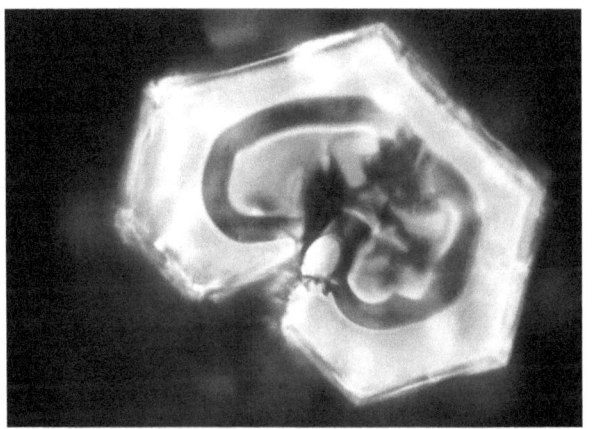

koreanisches Volkslied »Ariran«

Bali »Ketcha«

Das mit dem Leid von Liebenden, die sich trennen müssen, erfüllte Lied »Ariran« zeigt eine von Schmerz geprägte Form. »Ketcha« bildet einen feinen Kristall. Das Singen dieses Liedes dürfte heilend sein.

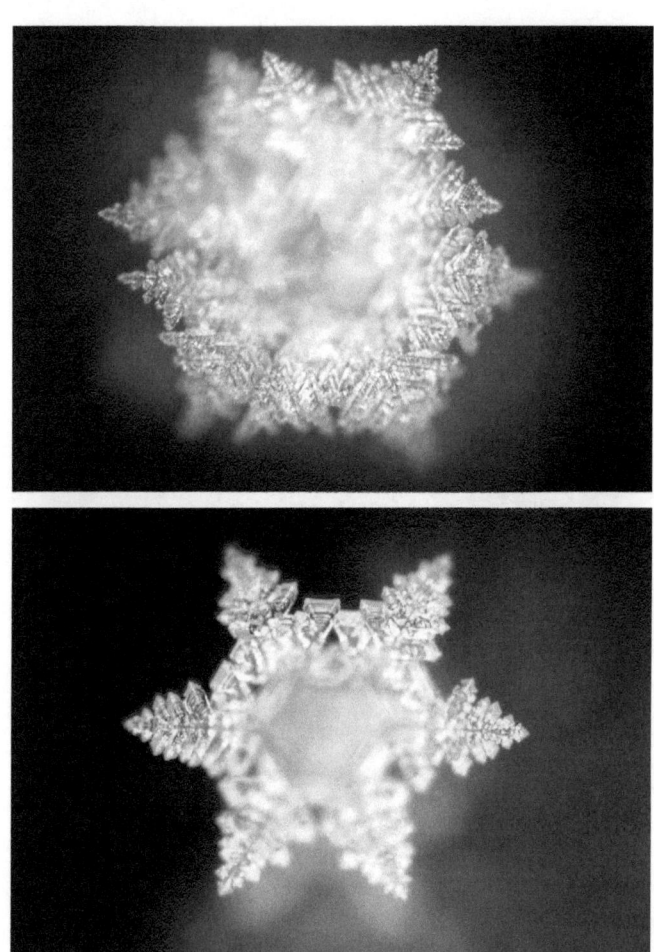

Brasilianische Musik

Beide Kristalle zeigen die Form eines Sterns. Sie erzählen davon, wie Gesang und Tanz zusammen die Immunstärke fördern. Diese Musik wirkt sicher heilend.

Argentinischer Tango

Beide Kristalle zeigen ein Paar, das zu tanzen scheint, und das ist ganz einzigartig. Sind Sie nicht auch bereits beim reinen Anblick der Kristalle von Freude erfüllt?

Gospel

Das sieht aus wie eine menschliche Figur, die sich streckt, um mit Gott in Kontakt zu treten. Die Wasserkristalle zeigen, dass Lieder auf der ganzen Welt heilende Funktion haben.

Polka

Bierfass-Polka

Die als tschechische Tanzmusik und die in Wien komponierte Polka bilden, obwohl sie an verschiedenen Orten entstanden sind, sehr ähnliche Kristalle aus.

Fürst Johann Jodler

Wiegenlied aus Tirol

Das ist auch einmalig: Sieht das nicht wie ein jodelnder Mund aus? Und beim Wiegenlied könnte man meinen, dass in der Mitte ein Kind wäre.

Der Zustand des Leitungswassers in verschiedenen Regionen

Das Leitungswasser, das wir in der Regel benutzen, kann wohl aufgrund der Zugabe von Desinfektionsmitteln in kaum einem Land schöne Kristalle ausbilden. Es wäre wichtig, dass wir die Wasseraufbereitungsmethoden anhand der Kristallbilder vergleichen und aus den Ergebnissen lernen.

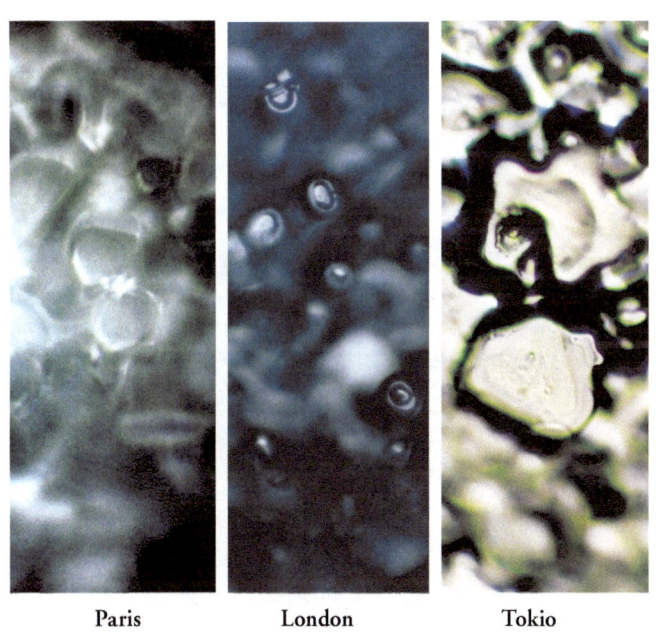

Paris   London   Tokio

Bei keinem Leitungswasser erscheint ein schöner Kristall. Das zeigt, dass ein sich gegen das natürliche Phänomen des Lebens richtender Giftstoff hinzugegeben wurde.

Rom

Venedig

Bern

Selbst in dem »Stadt des Wassers« genannten Venedig konnte das Leitungswasser keinen Kristall bilden.
Im schweizerischen Bern ergab es dagegen eine vollständige Wasserkristall-Form.

Washington D.C.

New York

In den typischen Städten Amerikas konnten wir, völlig unver-
hofft, schöne Kristalle fotografieren. In Manhattan hat man
die Wassertürme umgebaut und Fässer aus Zedernholz dabei
benutzt.

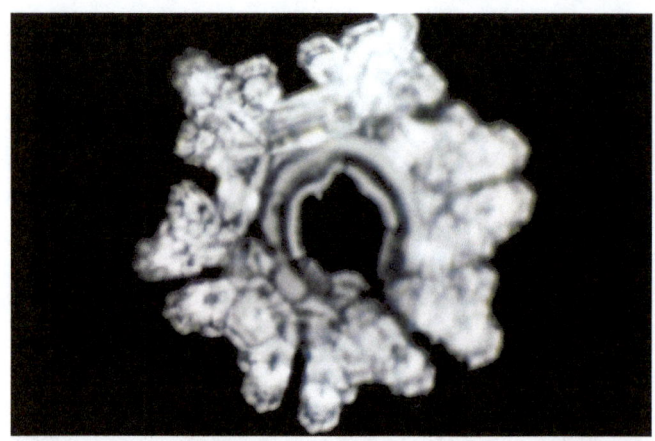

Vancouver

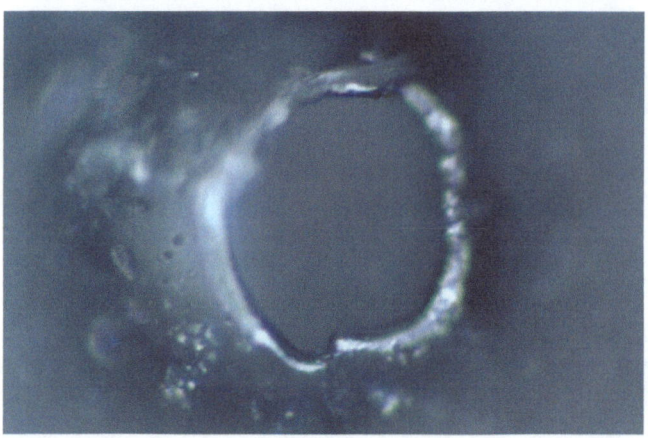

Sydney

Das Wasser von Vancouver zeigt vermutlich dieses Bild, da es reich an Wasser aus den Rocky Mountains ist. Es ist verhältnismäßig schön.

In Sydney ist die Form unerwartet stark zerstört.

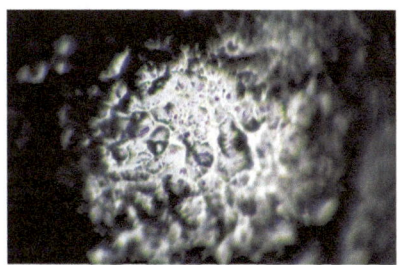

Bangkok

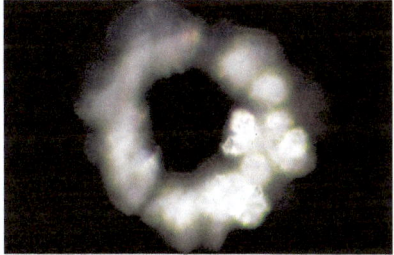

Hongkong

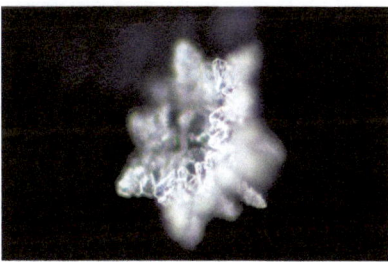

Macau

Und wie sieht es in Asien aus? Dies ist wiederum ein Ergebnis der Wasseraufbereitung: keines der Wässer konnte einen klaren Kristall ausbilden.

Buenos Aires

Manaus

Zwei südamerikanische Städte. Manaus liegt in der Nähe des Amazonas und ist reich an Wasser. Auch das Wasser von Buenos Aires bildet sehr schöne Kristalle aus.

Das Leuchten der schönen Natur

Wasser von Gletschern, Quellen und Flüssen – also natürliches Wasser – hat jedes seine Eigenarten, jedes aber ergibt schöne, wie Edelsteine ausgestaltete Kristalle.

Quellwasser des Saijô in der Präfektur Hiroshima

Dieses Wasser zeigt uns einen wunderbaren Kristall, der wie fein ziseliertes Silber aussieht. Die Gegend ist berühmt für ihr wohlschmeckendes Wasser; hier wird auch einer der berühmtesten Reisweine Japans hergestellt.

Yamanashi Präfektur, Sanbuichi-Quelle

Ein strahlend leuchtender Kristall. Quellwasser, das seinen Ursprung im Schmelzwasser des Yatsugatake hat. Er drückt die ursprüngliche Schönheit der Natur aus.

Quellwasser vom Chûzenji-See

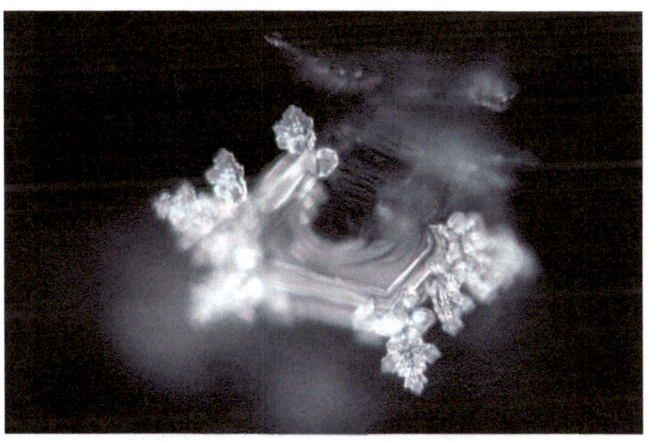

**Quellwasser des gleichen Chûzenji-Sees,
das mit Chlor geklärt wurde**

Quellwasser, das vom Hotel am Ufer des Chûzenji-Sees benutzt
wurde. Auf Anweisung der Stadtverwaltung muss das Wasser
zum Gebrauch für das Hotel mit Chlor desinfiziert werden.
Dadurch wurde der Kristall deutlich sichtbar zerstört.

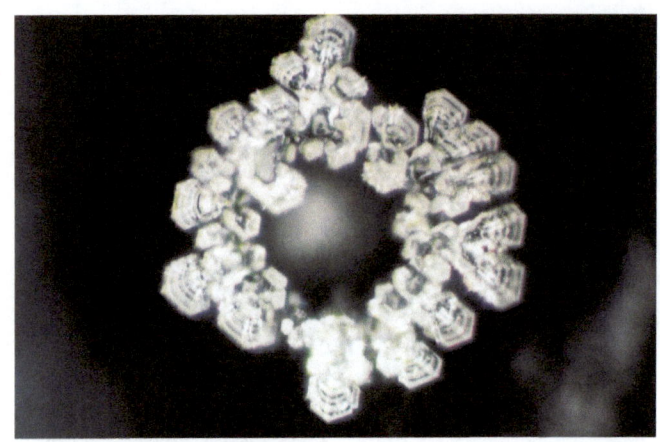

Die Quelle von Lourdes

Der Brunnen von Trevi

Das Quellwasser von Lourdes sieht so ähnlich aus wie das Wasser, das das Wort »Engel« gesehen hatte.

Der Brunnen von Trevi ist einzigartig, nicht wahr? Ähnelt das nicht der Form der Goldmünzen, die hineingeworfen wurden?

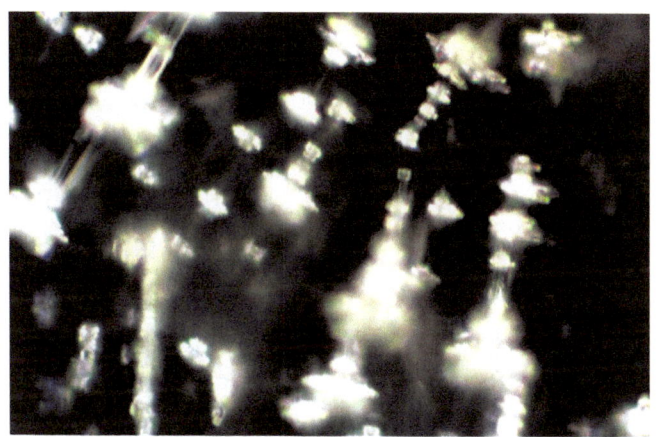

Tasmanien, Quelle von Haught Diamond

Grundwasser aus Neuseeland

Von der Produktionsstätte der Diamanten konnten wir so feine Kristalle wie Diamanten fotografieren.
Von dem Wasser aus Neuseeland entstand ein kräftiger Kristall.

Südpol

Kanada, Columbia-Gletscher

Schnee, der vor vielen tausend Jahren gefallen ist, wurde fest und bildete kompakte Kristalle. Wir haben beide Proben von der Oberfläche genommen, wahrscheinlich sind hier auch die Einflüsse der Umweltverschmutzung zu verzeichnen.

Amerika, Tender Foot Creek

Nordkorea, Eingang zum Aufstieg auf den Muohyangsan

Die Wasserprobe von Tender Foot Creek habe ich auf einer Reise genommen; es ist ein schönes Wasser aus einer tiefen Schlucht. Auch das erste Wasser aus Nordkorea ist von traumhafter Schönheit.

Schweiz: Brienzer See

Schweiz: Lago Maggiore

Das sind erinnerungswürdige Kristalle. Die Wasserproben wurden gleich an Ort und Stelle fotografiert. Schöne Kristalle aus der als Wasserreservoir Europas bezeichneten Schweiz.

4

Verändert sich die Welt in
einem Augenblick?

Bemühen Sie sich auch, nur wirklich gutes, wohlschmeckendes Wasser zu trinken? Und aus welcher Gegend, meinen Sie, könnte es kommen?

Kommt es aus den Alpen? Oder holen Sie Ihr Wasser am Nordpol oder am Südpol? In letzter Zeit werden viele köstlich schmeckende Quellwässer in PET-Flaschen abgefüllt. Kaufen Sie so ein Wasser?

Doch der Geschmack ist nicht das Wesentliche: Wie gut das Wasser auch schmecken mag, das Sie in der Hand halten – wenn Ihr eigenes Herz nicht gut ist, so wird es kein wohlmundendes Wasser sein.

Sind Sie leichten Herzens, oder bedrücken Sie Schwierigkeiten in der Arbeit? Gibt es irgendetwas in der Familie, das Ihnen schwer auf dem Herzen liegt? Wenn das Herz beunruhigt ist, verwandelt sich das schmackhafteste Wasser, das Sie trinken könnten, in ein fades Getränk. Wasser, das man trinkt, nachdem man beim Sport ordentlich geschwitzt hat, schmeckt, selbst wenn es ganz normales Leitungswasser ist, einfach gut. Kurzum – es ist Ihr Herz, das ausschlaggebend ist.

Ich will hier keineswegs Moral predigen. Das ist Ihnen hoffentlich klar. Aber es ist eine Tatsache, dass sich das Wasser vollkommen ändert, je nachdem, ob man es mit einem dankbaren Herzen, mit »Danke« anspricht, oder ob man es mit einem, aus irgendeinem Grund beunruhigten Herzen trinkt.

Unser Denken beeinflusst in jedem Augenblick die Welt. Wenn wir erkennen, dass wir mit unseren Worten und Vorstellungen die Wirklichkeit erschaffen, so haben wir die Möglichkeit, eine Welt voll der wunderbarsten Dinge zu kreieren. Ist unser Sinn erfüllt mit destruktiven Bildern und Gedanken, so tragen wir unausweichlich zur Zerstörung des Universums bei.

Sind wir uns dieses Zusammenhanges bewusst, können wir nicht mehr mit unseren Lebensumständen hadern oder unser Unglücklichsein der Umwelt anlasten.

Genau jetzt, in diesem Moment, können Sie die Welt verändern. Sie müssen nur eines tun: eine Entscheidung treffen.

Wählen Sie eine Welt voller Liebe und Dankbarkeit, oder eine Welt, in der sich die Spirale von Unzufriedenheit und Mangel immer weiter dreht? Das hängt von Ihrer Einstellung in diesem Augenblick ab.

Dieses Konzept verleiht dem Menschenleben Hoffnung und Licht. Es ist nicht nötig, dass wir von der Vergangenheit in die Irre geführt werden, und wir können, mit Hilfe unseres Willens, die Zukunft in jede Richtung lenken.

Sie haben alle Schlüssel in der Hand.

Wie sehr Ihre Gedanken die Welt beeinflussen, können wir gut an dem »Wolken-Auslöschen«-Spiel ausprobieren. Es handelt sich darum, mit der Gedankenkraft Wolken zum Verschwinden zu bringen.

Suchen Sie sich bitte bei leicht bewölktem Himmel eine Wolke als Objekt aus. Am einfachsten und deutlichsten ist es wohl, wenn Sie sich anfangs eine kleine aussuchen.

Beim »Wolken-Auslöschen«-Spiel ist die Einstellung des Herzens von ausschlaggebender Bedeutung. Zunächst einmal darf man nicht daran zweifeln, dass die Wolke verschwinden wird, und dann darf man es auch nicht zu verbissen betreiben. Es ist ein Paradox, aber wenn man zu eifrig bei der Sache ist, dann fliegt die hinaufgesandte Energie nicht sehr gut.

Sobald die richtige Einstellung vorhanden ist, stellen Sie sich bitte vor, dass aus Ihrem eigenen Herzen eine unsichtbare Energie wie ein Laserstrahl in Richtung der Wolke ausgesandt wird. Senden Sie Ihre Energie gleichmäßig auf die Wolke, die Sie sich zum Ziel genommen haben. Dann sagen Sie in der abgeschlossenen Vergangenheitsform: »Die Wolke ist verschwunden«. Gleichzeitig bedanken Sie sich bei der Energie: »Habe Dank«. Wenn Sie sich an diese Reihenfolge halten, wird die Wolke zusehends dünner und verschwindet innerhalb weniger Minuten.

Die Energie der menschlichen Gedanken kann auf diese kraftvolle Art und Weise auf alle Dinge Einfluss nehmen. Die Wolke besteht aus Wasser, noch dazu in Form von Wasserdampf. So fällt es uns leicht, nachzuvollziehen, dass sie auf die Gedanken reagiert.

Nach dem bisherigen Stand des Wissens wurde die Tatsache, dass die menschlichen Gedanken Materie beeinflussen, als völlig unwissenschaftlich abqualifiziert. Die heutige wissenschaftliche Avantgarde jedoch ist in Bereiche vorgedrungen, die ohne die Hinzunahme von unsichtbaren Bereichen wie der Psyche und den Gedanken nicht zu erklären sind.

Angefangen bei der Jung'schen Schule der Psychologie über die Quantenmechanik bis hin zur Gentechnologie – fast jede wissenschaftliche Richtung spricht heute von einer, für unsere Augen unsichtbaren, anderen Welt als der materiellen, in der wir leben. Sie ist unsichtbar, man kann sie nicht anfassen, und nicht einmal die Zeit existiert in dieser Welt.

David Bohm, ein bekannter Physiker auf dem Gebiet der Quantenmechanik sagt, Materie und Geist sind nicht getrennt. Er nennt die Welt, die wir fühlen können, explizite/ausgefaltete Ordnung. Er hat eine Theorie aufgestellt, dass es darunter noch eine weitere Welt gibt, die er die implizite/eingefaltete Ordnung nennt. In ihr ist holografisch das ganze Universum eingefaltet. Sie stellt die tiefere Ordnungsstufe, die ursprüngliche Realität, die Blaupause dar, aus der sich alle expliziten Formen in die sichtbare Realität hinein entfalten. Das bedeutet auch, dass in jedem Teil der expliziten Welt die gesamte Information der impliziten Welt enthalten ist.

Das ist wahrscheinlich etwas schwierig zu verstehen. Es besagt unter anderem: Welchen Teil des Universums man auch herausgreift, in diesem ist die Information des gesamten Universums enthalten. In einem einzigen Menschen ist somit die gesamte Information des Universums enthalten; selbst in einer einzigen Zelle existiert das komplette Universum.

Die gesamte Information des Universums – das schließt auch die Zeit mit ein! Mit anderen Worten: Auch in Ihnen ist die gesamte Information des Universums enthalten: Die gesamte Information der Gegenwart, der Vergangenheit und der Zukunft. Die Annahme, dass sich in diesem einen Augenblick die ganze Welt verändert, ist also keineswegs ein Hirngespinst.

Was ist dann dieser Moment »jetzt« eigentlich? Wie kann man ihn physikalisch interpretieren?

David Bohm meint, dass sich in jedem einzelnen Moment die Situation, in der sich das Universum befindet, auffaltet und projiziert wird, und dass dies die Gegenwart ist. Im nächsten Moment tut sich eine andere Situation auf. Das heißt, in jedem einzelnen Moment erscheint eine neue Welt. Nur – da die Welt des einen Moments den nächsten Moment beeinflusst, glauben wir, es bestünde eine Kontinuität.

Laut dieser Theorie verändert sich die Welt mit jedem Augenblick und wird ständig neu geschaffen. Unser Bewusstsein hilft mit, die Welt zu erschaffen. Wenn wir uns dessen bewusst werden, verändert sich sicher auch die Ansicht über das menschliche Leben.

Bis hierher war meine Darstellung etwas kompliziert und rein abstrakt nur schwer zu begreifen. Die Wasserkristalle sind es, die uns diese Zusammenhänge in einer eindeutigen Form sichtbar machen. Diese Welt ändert sich von einem Augenblick zum nächsten. Ich bin mir sicher, dass es das Wasser ist, das diese Veränderung am schnellsten bemerkt und die Information weiterträgt.

Dazu ein Beispiel aus der Anfangszeit, in der ich mit dem Schwingungsmessgerät das Wasser gemessen habe.

An einem Nachmittag, in der Zeit als am Persischen Golf internationale Truppen den Irak angriffen und der Golfkrieg in vollem Gang war, untersuchte ich das Leitungswasser von Tokio. Die Schwingungswerte der für den menschlichen Körper schädlichen Stoffe wie Quecksilber, Blei und Aluminium waren dabei extrem hoch. Ich verstand den Grund dafür nicht. Ich dachte, die Maschine sei vielleicht defekt und sammelte immer mehr Daten, aber immer mit dem gleichen Resultat.

Ich begriff diese seltsamen Ergebnisse meiner Untersuchungen erst, als ich am nächsten Tag die Zeitung las. Auf der ersten Seite wurde der Ausbruch des Golfkrieges groß dargestellt. Es hieß, dass an diesem einen Tag so viele Bomben abgeworfen worden waren wie während des gesamten Vietnam-Krieges.

In Japan, das von dem bombardierten Gebiet einige tausend Kilometer entfernt liegt, beobachtete ich zur gleichen Zeit abnorme Schwingungswerte, die ich nun für einen Einfluss der Bomben hielt. Kann so etwas möglich sein?

Das heißt nicht, dass die im Persischen Golf verstreuten schädlichen Substanzen sofort bis nach Japan geflogen seien. Gleichzeitig mit der Eröffnung des Feuers auf der anderen Seite der Erde haben die schädlichen Schwingungen der Bomben in einem Augenblick die ganze Welt eingehüllt. Die Schwingungen überwinden Raum und Zeit und verbreiten sich in einem einzigen Augenblick.

Sind die Schwingungen nicht das Zwischenglied zwischen einer anderen, unsichtbaren Dimension und der dreidimensionalen Welt, in der wir leben? Was auf der Erde passiert, in welcher

Region auch immer – das Wasser ist sensibel genug, um es zu bemerken und an uns weiterzugeben.

Damals hatte ich leider keine Wasserkristalle fotografiert, sonst wären sicher sehr interessante Bilder zustande gekommen.

Ich will Ihnen noch ein Beispiel dafür geben, wie die Schwingungen unmittelbar auf Materie einwirken. Und zwar will ich Ihnen davon berichten, wie die Kraft des Gebetes Wasser gereinigt hat.

Ich habe Herrn Katô Hôki, einen Mönch, der in einem Tempel der esoterischen Shingon-Schule lebt, gebeten, am Fujiwara-Damm in der Präfektur Gumma das Kaji-Gebet zu rezitieren. Bei meinem ersten Treffen mit Herrn Katô hatte ich ihm Kristallbilder gezeigt, die wir bei einem früheren Versuch, das Wasser eines Stausees zu verbessern, aufgenommen hatten. Der Mönch war davon sehr beeindruckt und bat, sich von der Sache mit eigenen Augen überzeugen zu dürfen. So habe ich ihn nun eingeladen und ihn gebeten, am Fujiwara-Stausee etwa eine Stunde lang das Kaji-Gebet zu sprechen.

Gebete sind Worte des Betens, eine Wortseele. Ich war davon überzeugt, dass die Energie der Wortseele das Wasser des Sees reinigen würde. Um eindeutig zu zeigen, inwieweit sich das Wasser vor und nach dem Gebet unterscheidet, wollte ich von vorher und nachher Wasserkristallfotografien anfertigen. Da ich die Zeremonie mit der Videokamera gefilmt hatte, fragte ich den Mönch anschließend einiges. Nach etwa fünfzehn Minuten rief einer meiner Mitarbeiter, der mich begleitet hatte: »Das ist ja toll! Das Wasser wird immer sauberer!«

Und tatsächlich – wir merkten, wie das Wasser sichtlich klarer wurde. Die Bäume rings um den See, die sich aufgrund seiner Trübheit nicht widergespiegelt hatten, spiegelten sich nun deutlich im klaren Wasser. Das Wasser des Sees war nach dem Gebet eindeutig klar geworden, und mit einem Mal hatte man den Eindruck von Durchsichtigkeit.

Wir hatten ja vor und nach dem Gebet Wasserproben entnommen, um uns die Wasserkristalle anzusehen. Von den Wasserproben vor dem Gebet haben wir keine schönen Kristalle erhalten. Teilweise konnten wir Formen sehen, die wie das Gesicht eines von Schmerzen gequälten Menschen aussahen. Im Gegensatz dazu erschien in den Proben, die wir gleich nach dem Gebet entnommen hatten, ein sehr feierliches Muster. In einer sechseckigen Struktur waren weitere Sechsecke und darum herum eine Aura, ähnlich wie bei Heiligen, zu sehen.

Natürlich dauerte es nach dem Gebet einige Zeit bis das Wasser sauber geworden war. Es braucht eben seine Zeit, bis sich die Qualität sichtbar ändert.

Die Schwingungen des Gebetes jedoch werden unmittelbar und augenblicklich an die Umgebung weitergegeben und beeinflussen somit das Wasser. Das ist kein grobstoffliches Phänomen; man kann es nicht verstehen, wenn man nicht in die Gedankenwelt der impliziten, zweiten Welt eintaucht.

Diese Geschichte geht aber noch weiter. Einige Zeit nach diesem Versuch wurde von einem Vorfall berichtet: Man fand jetzt in diesem See die Leiche einer vor langer Zeit ermordeten Frau. Und ich erinnerte mich daran, dass die Kristalle der Wasserprobe vor dem Gebet Formen eines gequälten menschlichen Gesichtes gezeigt hatten.

Vielleicht wollte die Seele dieser Frau uns durch das Wasser ihre Klage übermitteln. Und vielleicht wurde diese Seele durch das Gebet gereinigt und gerettet.

Hier tut sich eine andere Welt auf, die sich grundlegend von derjenigen unterscheidet, in der wir leben. Betrachtet man von dieser Welt aus die unsrige, so sieht man sie gewiss in einem völlig anderen Licht.

Es ist der Engländer Dr. Rupert Sheldrake, der über eine unsichtbare Welt forscht und mit seinen Theorien den Grundstein für ein neues Weltbild legt. Dr. Sheldrake promovierte an der Universität Cambridge in Biochemie; an dieser Universität hält er auch Vorlesungen über Biochemie und Biologie und ist zugleich als Fellow der Royal Society aktiv.

Dr. Sheldrakes Theorie der »morphogenetischen Felder« wurde bereits vor zwölf Jahren als Buch veröffentlicht. Aber die naturwissenschaftliche Zeitschrift »Nature« hat darüber das harte Urteil gefällt: Ein Buch, das verbrannt werden müsste. Trotzdem waren viele Menschen von seiner Theorie fasziniert. Es wurden verschiedene Versuche dazu durchgeführt und das Thema war in aller Munde.

Worum geht es bei dieser Theorie?

Man sagt oft: »Was zwei Mal geschieht, passiert auch ein drittes Mal«. Es gibt Zeiten, da folgt ein Flugzeugabsturz auf den anderen. Die gleiche Art von Verbrechen wiederholt sich. Wissenschaftler an verschiedenen Orten machen plötzlich die gleiche Entdeckung, ohne dass sie miteinander in Verbindung waren. Warum passieren gehäuft ähnliche Dinge? Rupert Sheldrake versucht diese Frage wissenschaftlich zu klären.

Im Allgemeinen geht man bei einer wissenschaftlichen Untersuchung so vor, dass man die Phänomene auf sichtbare »Dinge« reduziert und beobachtet. Sheldrake ging jedoch bei seiner Theorie von einem völlig anderen Ansatz aus.

Er nimmt an, dass, wenn mehrere Male das Gleiche passiert, ein »morphogenetisches Feld« entsteht. Schwingungen, die mit diesem »morphogenetischen Feld« eine Interferenz bilden, werden verstärkt, und somit ist es wahrscheinlich, dass dasselbe Ereignis wieder eintritt. Mit dem »morphogenetischen Feld« ist hier keine Energieform gemeint, sondern es ist eher so etwas, wie der Bauplan für ein Haus.

Im Grunde stellt dies, aus meiner Sicht, eine Ausweitung der Lehre über Interferenzen, wie wir sie aus dem Gebiet der Akustik kennen, dar. Sheldrakes Theorie besagt, dass nicht nur Laute, sondern sogar Ereignisse Interferenzen bilden. Diese »Orte« von Ereignissen nannte er »morphogenetische Felder« und das gehäufte Auftreten gleicher Phänomene »morphogenetische Interferenz«.

Obwohl diese Theorie von der Zeitschrift »Nature« scharf kritisiert wurde, wurde sie von den Menschen, die die Neuen Wissenschaften unterstützen, mit größtem Beifall aufgenommen; seine Theorie rief also sowohl Kritik als auch Beifall hervor. Tatsächlich war Dr. Sheldrakes Theorie über den Rahmen der traditionellen Wissenschaften hinausgegangen. Mit seinen unkonventionellen Ideen lassen sich allerdings verschiedene Phänomene erklären, die bisher ein Rätsel waren.

Ein oft zitiertes Beispiel ist die Geschichte vom »Glyzerin-Kristall«. Das Glyzerin, das man für Dynamit verwendet hatte, hat, seitdem man es vor zig Jahren entdeckt hatte, noch nie Kristalle gebildet. Aber eines Tages zu Beginn des neunzehnten Jahrhunderts hat plötzlich, ohne dass sich etwas in den äußeren Bedingungen geändert hätte, ein Fass Glyzerin beim Transport von Wien nach London begonnen zu kristallisieren.

Eine Weile später hat an einem ganz anderen Ort anderes Glyzerin zu kristallisieren begonnen, und heute gehört es zum Allgemeinwissen, dass Glyzerin unter 17°C Kristalle bildet.

Wie kann man das interpretieren? Das bedeutet, dass aus irgendeinem Grund ein »morphogenetisches Feld« für die Kristallisation entstanden ist, und dass das Glyzerin auf der gesamten Welt lernte, analog dem »morphogenetischen Feld«, Kristalle zu bilden.

Derartige Phänomene sind nicht auf das Glyzerin beschränkt. Das Gleiche geschieht auch mit einer großen Anzahl anderer Substanzen. Eine einmal – und sei es auch zufällig – kristallisierte Substanz kann danach ganz selbstverständlich und einfach Kristalle ausbilden.

Nun gab es einen öffentlich im englischen Fernsehen gesendeten Versuch, der die von Sheldrake verbreitete Theorie der »morphogenetischen Interferenz« auf seine Echtheit hin überprüfen sollte.

Zunächst bereitete man zwei versteckte Bilder vor. In zwei, auf den ersten Blick ohne Bedeutung erscheinenden Mustern wurde jeweils ein bestimmtes Bild versteckt. Das eine war das Bild einer Frauenfigur mit Hut, das andere das Gesicht eines Mannes mit Schnurrbart. Dann strahlte man die Lösung des einen Bildes im Fernsehen aus. Vor und nach dieser Fernsehsendung testete man, wie viele Versuchspersonen die beiden versteckten Bilder erkannten. Damit wollte man messen, ob und wie sich der Prozentsatz der richtigen Antworten vor und nach der Sendung in Bezug auf die eine gesendete Lösung veränderte.

Natürlich wählte man für die Teilnahme an den beiden Tests vor und nach der Sendung verschiedene Leute aus, und diejenigen, die am Test nach der Sendung teilnahmen, hatten die Sendung auch nicht gesehen. Und sie erfuhren auch nicht, welche der beiden Lösungen im Fernsehen gezeigt worden war.

Wie fiel denn nun das Ergebnis aus? Im Vergleich zu vor der Sendung hatte ein signifikant höherer Prozentsatz der Probanden das männliche Gesicht mit Schnurrbart, das in der Sendung gezeigt worden war, gesehen. Zur Sicherheit erhob man die Daten in anderen Ländern – außerhalb von England und Irland, wo die Sendung ausgestrahlt wurde – und auch hier war die Quote an richtigen Antworten dreimal so hoch wie vor der Sendung.

Dieses Ergebnis zeigt uns: Was vielen Menschen bewusst ist, das wird auch Menschen, die davon nichts wissen, viel leichter bewusst. Nach Dr. Rupert Sheldrake kann man das so erklären: Da ein »morphogenetisches Feld« für die richtige Antwort auf das versteckte Bild geschaffen worden war, stieg die Quote der richtigen Antworten an.

Laut Sheldrakes Theorie kann man auch das Phänomen der

Gene so interpretieren, dass es sich nicht nur um eine Übertragung der Geninformation in der biochemischen Form handelt, sondern, dass auch ein Element des »morphogenetischen Feldes« mit beinhaltet ist. Sowohl die »Synchronizität« genannte, unheimliche, »zufällige« Übereinstimmung, als auch die Gruppenseele und die Archetypen nach C.G.Jung können mit dieser Theorie erklärt werden.

Die, wie ich finde, wichtigste Aussage dieser Theorie von Sheldrake ist, dass die Verbreitung eines einmal entstandenen »morphogenetischen Feldes« jede räumliche und zeitliche Begrenzung überschreitet. Das heißt konkret: Ist erst einmal ein »morphogenetisches Feld« geschaffen, so beeinflusst es ab diesem Augenblick auch jeden anderen Ort. Das bedeutet ebenfalls, dass sich die Welt in einem Moment verändern kann.

Als ich zum ersten Mal von Sheldrakes Theorie hörte, war ich zutiefst erstaunt und betroffen: Könnte es nicht sein, so fragte ich mich, dass die Wasserkristalle, mit deren Erforschung ich mich befasse, ein sichtbarer Ausdruck genau dieser morphogenetischen Felder sind?

Als ich begann, Wasserkristallfotografien zu machen, konnten die anderen Mitarbeiter, obwohl sie es zwei Monate lang vergeblich versucht hatten und keinen einzigen Wasserkristall zu Gesicht bekamen, erst Bilder erhalten, nachdem einer der Mitarbeiter erfolg-reich einen Wasserkristall fotografiert hatte. Dabei handelt es sich wohl ebenfalls um ein »morphogenetisches Feld«. Da auch in Japan ein Buch, in dem Dr. Sheldrakes Theorie vorgestellt wurde, veröffentlicht worden war und zum Bestseller wurde (»Warum ist das passiert?« von Hôjiro Eiichi, Sunmark Verlag), kannte ich diese Theorie. Was mir Dr. Sheldrake aber wirklich nahe gebracht hat, war eine glühende Rede, die er in der Fernsehsendung: »Sechs Wissenschaftler, die beachtet werden sollten« gehalten hat.

Und vier Jahre später gab es eine seltsame Begegnung: Auf einer meiner Vortragsreisen in Europa war es mir vergönnt, Dr. Sheldrake persönlich kennen zu lernen. Die Freundin einer meiner Zuhörerinnen ist eine Bekannte von Dr. Sheldrakes Frau. Sie rief mich an und ich wurde zu Dr. Sheldrake nach Hause eingeladen.

Dr. Sheldrake hatte auch schon von meinen Studien zu den Wasserkristallen gehört, und er sagte mir: »Einmal pro Woche erhalte ich einen Brief oder eine E-Mail, in der von Ihnen die Rede ist.« Da war so vieles, das ich ihn fragen wollte, aber auch Dr. Sheldrake war sehr an meinen Forschungen interessiert, und so hatte ich den Eindruck, dass eher ich mit Fragen bombardiert wurde. Dr. Sheldrake meinte:

»Da ich Biologie und das Verhalten von Lebewesen studierte, habe ich das Wasser nicht erforscht und bin kein Wasserspezialist. Allerdings werden sich vielleicht meine zukünftigen Forschungen und die Erforschung der Wasserkristalle in einigen Punkten berühren.

Was mich momentan am meisten interessiert, ist, welchen Einfluss ein Beobachter auf Objekte hat. Es gibt zum Beispiel Personen, die spüren, wenn jemand sie anschaut. Ich möchte erforschen, ob man so etwas nicht wissenschaftlich erfassen kann.

Führt man einen solchen Versuch mit Menschen durch, besteht die Tendenz zur Subjektivität. Deshalb dachte ich, ob man diesen Versuch nicht mit Wasser machen könnte. Ich möchte auf Wasserkristallfotografien sehen, welche Veränderungen sich unter verschiedenen Bedingungen ergeben: wenn niemand das Wasser betrachtet, wenn es irgendein besonderer Mensch, ein normaler Mensch, oder ein extrem schlechter Mensch tut.«

Was Dr. Sheldrake da sagte, hatte eine gewisse Ähnlichkeit mit dem Versuch mit gekochtem Reis in Gläsern, der mit verschiedenen Worten angesprochen wurde. Das ist der Versuch, bei dem, noch schneller als der Reis, der mit »Dummkopf« angesprochen worden war, der gänzlich ignorierte verfault war.

Als ich Dr. Sheldrake vom Ergebnis dieses Versuches berichtete, war er davon sehr angetan. Er meinte dazu: »Das sind wohl Ergebnisse eines sehr komplizierten Wachstumsprozesses von Mikroben. Nimmt man aber für diesen Versuch Wasser und schaut es einfach an, dürften die Ergebnisse sehr viel elementarer und deutlicher sein.«

Womit sich Dr. Sheldrake derzeit vorwiegend beschäftigt, ist die Telepathie. Zum Beispiel sind die meisten Tierhalter davon überzeugt, dass ihr Tier ihre Gedanken lesen kann. Dr. Rupert Sheldrake hat nun untersucht, ob zum Beispiel Hunde, die alleine zu Hause sind, eine deutliche Verhaltensänderung zeigen – sich an der Haustüre oder dem Gartentor postieren –, sobald sich ihr Frauchen oder Herrchen auf den Nachhauseweg macht. Dr. Sheldrake hat mehr als zweihundert solcher Phänomene mittels Video aufgezeichnet.

Hier will ich die Botschaft, die ich von Dr. Sheldrake erhalten habe, weitergeben:

»Unser Leben wird von der Bewegung einer unsichtbaren Energie aufrechterhalten. Deshalb möchte ich, dass Sie sich dessen bewusst sind und den Menschen und Dingen in Ihrer Umgebung sowie den Ereignissen, die in Ihrer Umgebung geschehen, Aufmerksamkeit schenken. Das ist etwas sehr Wichtiges. Betrachten bedeutet, Einfluss zu nehmen. Sie alle wissen das, aber sie setzen es nicht bewusst ein. Wenn Eltern ihren Kindern Aufmerksamkeit schenken, ist das genau das Gleiche.«

Vielleicht kann man das Beachten jedweder Dinge, ihnen Aufmerksamkeit zu schenken, auch so ausdrücken, dass man liebevoll mit ihnen umgehen soll. Da das Hauptaugenmerk der Forschungen von Dr. Sheldrake auf der Frage liegt, wie sehr das menschliche Bewusstsein die Dinge in der Umgebung beeinflusst, sind diese Worte sehr eindrucksvoll.

Wenn man die Botschaften der Wasserkristalle mit der Theorie von Rupert Sheldrake verbindet, kann man fast alles erklären, was in der Welt geschieht. Wir werden uns bewusst, dass jeder von uns die magische Fähigkeit besitzt, die Welt zu verändern.

Wir Menschen haben von den Gottheiten die Schöpfungskraft erhalten. Würden wir diese Macht voll und ganz einsetzen, könnten wir die Welt in einem Augenblick verändern.

Für die Menschen, die am Leben leiden und Sorgen haben, kann dies mit Sicherheit ein enormer Ansporn sein. Die ganze Kraft, um die Welt zu verändern, liegt in Ihnen selbst.

Alles in der Welt ist miteinander vernetzt. Was Sie tun, tut auch gleichzeitig jemand anderes. Welche »morphogenetischen Felder« sollen wir erschaffen? Schaffen wir Felder des Leides und des sich gegenseitig Verletzens? Oder schaffen wir Felder der Liebe und Dankbarkeit?

Wenn Sie vor das Wasser treten, ihm Worte der Liebe und der Dankbarkeit sagen, so gibt es überall auf der Welt Menschen, die, genauso wie Sie, ein Herz voller Liebe und Dankbarkeit haben. Sie brauchen Ihren Platz nicht zu verändern, Sie brauchen keinen Schritt zu tun. Das Wasser vor Ihren Augen ist mit allem Wasser der Welt verbunden. Wo auch immer es sich befindet – das Wasser bildet Interferenzen, die sich ausbreiten. So werden die Herzen der Menschen in aller Welt auf einmal mit Liebe und Dankbarkeit erfüllt.

Lassen Sie uns die Welt mit überfließender Liebe und Dankbarkeit umhüllen. Das wird ein wunderbares »morphogenetisches Feld«, das die Welt Stück für Stück verändern wird. Im »morphogenetischen Feld« existieren weder Zeit noch Ort. Jetzt und hier kann sich jedes wunderbare Phänomen ereignen.

5

Wasser der Erde

Den Bildband »Die Botschaft des Wassers« hatte ich veröffentlicht, um möglichst vielen Menschen die wunderbare Wahrheit über das Universum, wie es mich die Wasserkristalle gelehrt hatten, weiterzugeben. Die japanische Erstausgabe schlug im fernen Europa hohe Wellen. Ein Meer von Gefühlen wurde aufgewühlt. Dies war eine Reaktion, welche rascher erfolgte, als selbst in Japan.

Was war es denn, das die Herzen der Menschen in aller Welt derart berührte? Ich stelle es mir so vor: Die Wasserkristallfotografien haben vielleicht das Wasser im Körper der Menschen zum Mitschwingen angeregt. Die Wasser wollten auf der ganzen Welt verkünden, dass alles auf »Liebe und Dankbarkeit« basiert. Liebe und Dankbarkeit sind die Grundbausteine, das Gewebe, aus dem die Natur aufgebaut ist. Sicherlich war das Wasser, das vom anderen Ende des Universums gekommen war, von Liebe und Dankbarkeit erfüllt, als es hier auf der Erde ankam. Es waren Liebe und Dankbarkeit, die das Leben auf dieser Erde schufen und es nährten. Die Erinnerung daran wurde im Wasser in den Zellen der Menschen, die die Kristallbilder gesehen hatten, wieder geweckt.

Ich möchte Ihnen allen Liebe und Dankbarkeit aussprechen.

Im ersten Band hatte ich bereits erzählt, dass es Frau Shizuko Ouwehand war, die »den Stein ins Rollen brachte«. Sie gab den Anstoß dafür, dass der Bildband über Wasserkristalle weltweit Verbreitung fand, später dolmetschte sie auch für mich. Als

Japanerin holländischer Staatsangehörigkeit beherrscht sie mehrere Sprachen.

Der Bildband war kaum einen Monat zuvor veröffentlicht worden, als mich Frau Ouwehand in meinem Büro in Tokio besuchte. Sie nahm einen der gerade erst fertiggestellten Bildbände zur Hand und war bereits beim ersten Durchblättern offensichtlich tief beeindruckt. Sofort kaufte sie mit dem Geld, das sie bei sich hatte, 77 Bücher und sandte sie an Bekannte in aller Welt, unter anderem in Holland, der Schweiz, Deutschland, Amerika und Australien.

Nachdem Frau Ouwehand die Bücher an ihre Bekannten geschickt hatte, kehrte eine Welle an Reaktionen zu ihr zurück. Verschiedene Botschaften wie zum Beispiel, dass man ein solches Buch gesucht hätte, oder dass es ein Buch sei, auf das man in der heutigen Zeit gewartet hatte, kamen zu ihr zurück, so wie Wellen an die Küste.

Sie lud mich zu einem kleinen Symposium in Zürich ein, das sie selbst jedes Jahr ausrichtete. Es ist ein Netzwerktreffen, das sie »Suche nach menschlichen Schätzen« nennt, und zu dem sie jedes Mal interessante Leute einlädt, Vorträge zu halten.

Eine Woche nach diesem Treffen gab es, wie jedes Jahr, eine große Veranstaltung in Zürich. Da ich noch anwesend war, setzte sich Frau Ouwehand dafür ein, dass ich einen Vortrag vor Journalisten halten konnte, und ich wurde für einige Zeitschriften interviewt.

An der Ausrichtung dieser Veranstaltung war auch eine Schweizerin beteiligt, die ebenfalls den Bildband gesehen hatte und zu den Menschen gehört , die von den Wasserkristallfotografien fasziniert waren. In einem Gespräch teilte sie mir mit: »Ich habe zwei Kinder und weiß sehr gut, welch großen Unterschied es macht, ob man die Kinder mit wahrer Liebe anspricht oder ob man ihnen Befehle erteilt. Das ist der Unterschied zwischen den Worten: Komm, lass uns das tun!, und: Tu' das! Mir ist auch klar, dass man diesen Unterschied in jeder einzelnen Zelle spüren kann. Auch im Alltagsleben lehren uns die Wasserkristalle sehr wichtige Dinge. Normalerweise sind wir von elektromagnetischen Wellen umgeben. In der heutigen Zeit kann man den täglichen Gebrauch von Computern nicht mehr vermeiden. Ich habe begriffen und es hat mich sehr beeindruckt, dass es ein großer Unterschied ist, ob man ein Desinteresse an den durch elektromagnetische Wellen verursachten Schäden zeigt, oder ob man davon weiß und sorgsam damit umgeht.«

Sie hatte die Idee, mich zu einem Vortrag einzuladen. So traf sie sich zunächst mit einem Umweltbeauftragten der Stadt Sankt Gallen und bemühte sich um die Organisation eines Vortrages zum Thema »Wasser und Umwelt«. Der Umweltbeauftragte jedoch lehnte die Veranstaltung ab mit dem Argument, dieses Thema sei zu brisant.

Daraufhin sprach sie eine Bekannte an, die sich für Psychologie interessierte, um sie für die Mitarbeit zu gewinnen. Im Endeffekt war dies positiv. Menschen, die die unsichtbare Welt ernst nehmen und sich diesen Bereichen zuwenden, trifft die Botschaft der Wasserkristalle tief ins Herz.

Dank der Bemühungen der Schweizerin war die Vortragsreihe in drei Schweizer Städten dann ein großer Erfolg. Wie schon vorher angedeutet, war dies der Anfang einer großartigen Reaktion.

Seitdem haben sie und ihre Gruppe mich mehrmals nach Europa eingeladen. Sie laden auch Wissenschaftler und Forscher ein, die sich mit dem Wasser beschäftigen, und organisieren Vorträge und Seminare zu diesem Thema. Sie berichtete mir erfreut, mittlerweile seien meine Vorträge über Wasserkristalle überall ausgesprochen beliebt und immer im Voraus ausgebucht.

Dadurch, dass inzwischen des Öfteren Wasserkristallfotografien in Zeitschriften vorgestellt wurden und die Bildbände verbreitet werden, erreichen mich auch aus anderen Städten Anfragen nach Vorträgen.

Im Anschluss an die Vortragsreise in Europa, erhielt ich die Gelegenheit, an der Harvard Universität in Amerika einen Vortrag zu halten, und dabei ergab es sich, dass ich auch an einer Art freier Schule in einem Vorort von Boston sprechen konnte. Es handelt sich um eine Schule für Kinder, die sich nicht mehr an die harte amerikanische Gesellschaft, wo Waffenbesitz, Drogenkonsum und Gewalt um sich greifen, anpassen können. Da es lauter sensible Kinder waren, hat meine Rede gewiss in ihren Herzen Wurzeln geschlagen. Ich sagte ihnen: »Da das Wasser verletzt wird, wenn man ihm hässliche Worte sagt, darf man auch anderen Menschen nichts Verletzendes sagen. Außerdem möchten wir alle nicht, dass die Mütter: Tu' das! sagen...«. Ich kann mir vorstellen, dass die Kinder diese Ideen zu Hause weitergeben. Je mehr Menschenherzen von der Botschaft der Wasserkristalle berührt werden, desto größer wird die Verbreitungsgeschwindigkeit. Auch das ist bestimmt ein Interferenz-Phänomen.

Die Menschen suchen in dieser chaotischen Welt nach einer Lösung, und ich glaube, dass die Wasserkristalle ein gemeinsames Symbol dafür sein können.

Da ich in vielen Ländern, wie Deutschland, der Schweiz, Holland, England, Frankreich, Italien, Kanada und Amerika meine Forschungen über die Wasserkristalle vorgestellt hatte, ergab es sich, dass viele Menschen auch selbst solche Wasserstudien durchführen wollten. Ich begann mich mit ihnen zu treffen, und ihre Herangehensweise an das Thema ist so vielfältig wie das Wasser selbst. Oft dachte ich fasziniert: »Das ist eine großartige Idee« oder »das ist aber interessant«.

So entwickelte es sich ganz natürlich, dass in den verschiedensten Gegenden so etwas wie Wasser-Symposien veranstaltet wurden, und ich bin hellauf begeistert, dass ich so beschäftigt bin. Das Symposium, über das ich vorher berichtete, fand bereits zweimal in Luzern statt und wird sich nächstes Jahr zu einem internationalen Symposium entwickeln. Auch in Australien und England werden internationale Symposien, zu denen ich ebenfalls eingeladen bin, stattfinden, und ich freue mich bereits sehr auf die Teilnahme.

Zu meinen Vorträgen bringe ich immer sehr viele Dias mit: Ich möchte möglichst Leitungswasser und natürliches Wasser der jeweiligen Region zeigen, aber dem ist leider eine Grenze gesetzt. Deshalb ist es nur natürlich, dass sich immer mehr Interessierte für die Einrichtung von Forschungslabors auch in Europa stark machen. (Siehe www.hado-life-europe.com). Dann soll es wohl so sein, dachte ich, und habe nun schon seit einiger Zeit begonnen, von meinem Plan zu sprechen.

Dieser Plan ist einfach einmalig und großartig. In einem Satz zusammengefasst handelt es sich um den Plan, das Forschungslabor in der Sechseckform des Wasserkristalls zu bauen.

Im Einzelnen soll das so aussehen: Ein Forschungslabor für die Erforschung der Wasserkristalle wird in der Mitte errichtet und die Forschungsstellen für sechs Fachgebiete werden darum herum angeordnet. Wenn man die Wissenschaften zum Beispiel in »Physik-Mathematik«, »Biologie-Medizin«, »Astronomie-Meereskunde«, »Politologie-Wirtschaft-Geschichte«, »Philosophie-Religionswissenschaft« und »Chemie-Ingenieurwissenschaften« unterteilt, ergibt das sechs Bereiche. Ich stelle mir vor, dass jeder von diesen wiederum in 18 Unterbereiche unterteilt wird, so dass sich 108 Forschungsbereiche um die Mitte gruppieren. So wird die Mitte, das zentrale Anliegen, aus verschiedenen Aspekten und Fachrichtungen untersucht und beleuchtet.

Dieser Plan reift schon lange in mir. Ausgangspunkt war, dass ich mir verschiedene Fragen gestellt habe: Warum ist die Umwelt so aus dem Gleichgewicht geraten? Warum sind die Menschen moralisch derart verkommen? Weshalb ist eine solche Gesellschaft entstanden? Ich nehme an, die Ursachen liegen in der Fahrlässigkeit und Korruptheit der Naturwissenschaftler begründet, sowie in der Tatsache, dass die Politiker bewusst eine solche Struktur geschaffen haben.

Natürlich gibt es wirklich auch hervorragende Wissenschaftler, die sich treu geblieben sind und die sich für die Menschheit einsetzen. Wenn ich allerdings den Zustand der Gesellschaft betrachte, denke ich, dass es bisher kaum Wissenschaftler gab, deren Handlungsziel es war, den Fortbestand der Menschheit zu sichern und die Erde heil und unversehrt zu erhalten.

Auch in Japan treffen wir auf jene Form der offiziellen Wissenschaftler, die dafür sorgen, dass das Trinkwasser weiterhin mit Chlor desinfiziert wird, obwohl sie wissen, dass es für den menschlichen Körper giftig ist. Mit dieser Einstellung bremsen sie die Entwicklung der Gesellschaft.

Natürlich können wir die Wissenschaftler allein nicht dafür verantwortlich machen. Ich würde eher sagen, die Gesellschaft hat bereits begonnen an den Fundamenten zu faulen, so dass eine Handvoll einsichtiger Wissenschaftler, so sehr sie sich auch einsetzen, nichts mehr auszurichten vermag. Wie könnte man diese Wissenschaftler aus ihrer Weltuntergangsstimmung herausholen?

Ich glaube, dass es wichtig ist, die Wissenschaftler zu integrieren und zu vernetzen, und dass das Forschungsinstitut in Form eines sechs-eckigen Wasserkristalls, so wie ich es mir vorstelle, einen geeigneten Raum dafür bieten würde. Die Wissenschaftler wären damit in die Bevölkerung integriert, die das Projekt unterstützt und gemeinsam trägt. Gleichzeitig wird der Austausch mit den Forschern anderer Fachgebiete aktiviert sowie eine Überprüfung der eigenen Studien durch einen erweiterten geistigen Horizont möglich.

Auf diese Weise können Forschungsergebnisse erzielt werden, die der Erde und der Menschheit nützen. Das hätte auch noch andere Vorteile, wie zum Beispiel, dass man sich nicht mehr mit Problemen wie dem Etat, die man nicht alleine lösen kann, befassen müsste.

An diesem Forschungsinstitut können sich die Forscher frei auf ihre eigenen Studien konzentrieren. Zum Beispiel könnten sich morgens und mittags Wissenschaftler aller Disziplinen in einem Speisesaal treffen und sich während der Mahlzeit austauschen, und abends könnten sie ihre Forschungsergebnisse vortragen. So stelle ich es mir bildlich vor.

Natürlich müssen noch einige Hürden überwunden werden, bevor dieser Plan realisiert werden kann. Immerhin konnte ich mir bereits einen Ort schaffen, an dem ich beginnen konnte, über einen solchen Plan zu sprechen.

Egal um welchen Plan es geht, es ist immer wichtig, ihn konkret zu verkünden. Das kann ich selbst aus langjähriger Erfahrung aus verschiedenen Branchen, in denen ich tätig war, sagen. Schon in meiner Kindheit sprach ich deutlich aus, was ich dachte und wie ich handeln wollte, so dass man mich für geschwätzig hielt.

Etwas auszusprechen heißt Energie hineinzugeben. Besonders wenn man vor anderen öffentlich darüber redet, bekommen die Dinge Energie und beginnen sich in Richtung auf die Verwirklichung hin zu bewegen.

Wenn man über etwas spricht, folgt darauf die Ausführung. Natürlich darf man nicht einfach alles, was einem in den Sinn kommt, aussprechen. Es ist wichtig, dass man für seine Worte und deren Realisation die Verantwortung übernimmt, und dass man auch wirklich von dem überzeugt ist, was man öffentlich verkündet. Die dann ausgesprochenen Worte werden zu einem Schwur, der auch beinhaltet, dass man fest entschlossen ist, an der Verwirklichung mitzuarbeiten. Außerdem kann man durch die öffentliche Erklärung auch von Menschen, an die man nicht gedacht hätte, Unterstützung erhalten.

Jedes Wort hat seine eigene Schwingungszahl, und ich denke, Sie wissen bereits, dass die Worte Energien sind, die das Universum beeinflussen. Worte, die man ausspricht, wirken als machtvolle Wort-Seelen auf alles ein. Die Worte, die uns die Natur lehrt, sind auch die Worte des Schöpfers.

Es gibt einen Menschen, der mit dem Körper beweist, wie machtvoll die Energie der ausgesprochenen Worte ist, oder wie lebhaft und effektiv sie arbeitet. Das ist der von mir als Lehrer verehrte Dr. Shioya Nobuo.

Dr. Shioya ist dieses Jahr (2001) neunundneunzig Jahre alt geworden, aber sein Rücken ist immer noch ganz gerade und er ist in jeder Hinsicht gesund und rege. Auch heute noch hält er mehrere Vorträge pro Jahr, dabei redet er im Stehen ein bis zwei Stunden lang. Des Weiteren lässt er keinen Tag ohne seine Golfübungen verstreichen, und einmal in der Woche geht er auf den Golfplatz. Es ist wohl nicht übertrieben zu sagen, dass dieses gesunde und lange Leben außergewöhnlich ist.

Das Geheimnis von Dr. Shioyas Gesundheit ist eine besondere Atemtechnik. Sie heißt, Methode »des aufrichtigen Herzens und angemessenen Atems« und basiert auf der Vorstellung, dass, wenn man die Lungen vollständig mit Luft füllt und genügend Sauerstoff in den Körper aufnimmt, die Energie des Universums sich sammelt und ein gesunder Körper geschaffen wird. Wichtig ist dabei auch die Macht der Worte. Dr. Shioya empfiehlt zum Abschluss der Methode »des aufrichtigen Herzens und angemessenen Atems«, die Worte eines Gebetes zu rezitieren, das »Große Beteuerung« heißt.

Es lautet folgendermaßen:

»Die unendliche Kraft des Universums verdichtet sich.

Eine Welt voll wahrhaftigen Friedens wurde geboren.«

Die Macht des Universums sammelt sich und wird zu einer wunderbaren Energie, welche die Welt in den Frieden führt. Ausschlaggebend ist dabei, dass man es fertig bringt, »wurde« zu sagen, also zu erklären, dass es sich um eine vollendete Tatsache handelt.

Dr. Shioya erklärt das mit folgender Hypothese: Man kann davon ausgehen, dass es so genannte »unbestimmte Teilchen« gibt, welche die Naturwissenschaft bisher beim immer genaueren Betrachten von immer kleineren Teilchen nicht finden konnte. Man könnte sich vorstellen, dass die »unbestimmten Teilchen« an der Grenze zwischen der dritten und der vierten Dimension angesiedelt sind. Die Worte der Beteuerung mit ihren äußerst starken Wort-Seelen bringen die »unbestimmten Teilchen« dazu, sich zu sammeln, und durch das Wirken dieser »unbestimmten Teilchen« materialisieren sich dann die Dinge in der dreidimensionalen Welt.

Ich bekam einmal selbst die Macht der Wort-Seelen zu spüren, von denen Dr. Shioya Nobuo spricht. Es ereignete sich im Juli 1999.

An diesem Tag hatten sich etwa 350 Menschen am größten See Japans, dem Biwa-See, versammelt. Ich hatte diese Versammlung organisiert, um das Wasser des Biwa-Sees zu reinigen. Es gibt eine alte Sage, in der es heißt, wenn das Wasser des Biwa-Sees sauber wird, werden alle Wasser Japans sauber. Außerdem hatte ich auch vor, ein Gebet um Frieden auf Erden für das neue Jahrhundert zu sprechen.

Unter der Leitung des damals 97-jährigen Dr. Shioya wurde von den 350 Menschen gemeinsam die »Große Beteuerung« rezitiert. Die den Frieden auf Erden beschwörenden Stimmen und Herzen wurden eins und widerhallten um den Biwa-See. Das war ein Moment, in dem mir Schauer über den Rücken liefen.

Diese Versammlung ging ohne sichtbare Ergebnisse zu Ende, und es verging etwa ein Monat, bis ein seltsames Phänomen am Biwa-See auftauchte: Die stinkenden Algen, die sich jedes Jahr über die Seeoberfläche ausgebreitet hatten, zeigten sich in diesem

Jahr nicht. Für die Zeitungen bedeutete das natürlich, dass es auch keine schlechten Nachrichten gab. Diese gute Nachricht, dass es nichts Negatives zu berichten gab, wurde in der lokalen Zeitung groß herausgebracht (Kyôtô Zeitung vom 27.08.1999).

Wenn man nichts über das Prinzip der Wort-Seele weiß, erscheint das plötzliche Wegbleiben der Algen sicherlich als ein sehr mysteriöses Phänomen. Die Macht der Wort-Seele beeinflusst allerdings sofort alle Dinge und verändert die Welt. Die überaus mächtigen Wort-Seelen des Gebetes um Weltfrieden haben sicherlich das Wasser des Sees in einem Augenblick veranlasst, einen Reinigungsprozess einzuleiten.

Ein weiterer Schlüssel ist die Tatsache, dass sich 350 Menschen versammelt und die »Große Beteuerung« rezitiert haben. Wenn viele Menschen eine starke Intention haben, wird dies zu einer Triebkraft für die Veränderung des Universums.

Diese Tatsache erkläre ich mit der allgemein bekannten Formel aus Einsteins Relativitätstheorie $E = mc^2$.

$E = mc^2$ wird in der Regel so gelesen: Energie ist Masse mal dem Quadrat der Lichtgeschwindigkeit. Doch in dieser Formel liegt noch eine weitere Bedeutung versteckt. Das c in dieser Formel interpretiere ich nicht als Lichtgeschwindigkeit, sondern als Bewusstsein (= engl. conscience). Die Masse m kann man auch als die Anzahl der bewussten Menschen betrachten.

Diese Theorie hat mich der aus Vietnam stammende Psychoimmunologe Dr. Hwan Ban Duk gelehrt. Als er vor mehr als zehn Jahren an einem von mir in Japan organisierten Seminar teilnahm, sagte er ganz unbekümmert in einem kurzen Satz, dass das c in $E = mc^2$ nicht Lichtgeschwindigkeit bedeute, sondern Bewusstsein.

Dieser eine Satz schlummerte seitdem in den Tiefen meines Bewusstseins. Als ich mir Gedanken über die Schwingungen und über das Leben der Menschen machte, tauchte er plötzlich wieder auf.

Einstein hatte diese Formel 1909 veröffentlicht, also vor fast hundert Jahren. Man weiß nicht, ob Einstein selbst das c mit Bewusstsein gleichsetzte. Im Universum gibt es das Prinzip, dass sich Ähnliches wiederholt. Ich glaube also, dass man diese Formel durchaus auch auf das Bewusstsein anwenden darf.

Laut dieser Formel wächst die Energie im Quadrat des Bewusstseins. Es heißt, dass der Mensch normalerweise nur drei Prozent seiner gesamten Fähigkeiten einsetzt, aber wenn man diese Kapazität auch nur um ein Prozent erhöht, also um ein Hundertstel, so wird die daraus resultierende Energie auf fast das Doppelte der Ursprungsenergie gesteigert. Welch einen Energieunterschied ergäbe es erst, wenn nun alle Menschen auf dieser Welt gleichzeitig ihre Fähigkeiten erhöhen würden!

Wenn man alles lieben und auch im Leben die Dankbarkeit nicht vergessen würde, könnte diese Energie eine wunderbare Macht erlangen und sich über die ganze Welt verbreiten. Und wieder sind es die Wasserkristalle, die uns dies deutlich zeigen.

Ich habe Ihnen bereits berichtet, wie das Wasser eines Sees durch die Worte eines Gebetes und die Gedanken der dort versammelten Menschen gereinigt wurde. Es dürfte für Sie, liebe Leser(innen), nachdem Sie die Wasserkristallbilder gesehen haben, das Selbst-verständlichste und Natürlichste auf der Welt sein, dass die Gedanken von Menschen das Wasser reinigen. Aber ich konnte nicht darauf verzichten, doch noch einen weiteren naturwissenschaftlichen Beweis zu fordern.

Eines Tages sprang mir eine Zeitungsüberschrift ins Auge: »Dioxin im Wasser mit Ultraschall zersetzt«. In diesem Artikel wurde von der Entwicklung einer Technologie berichtet, bei der durch Beschallung mit Ultraschallwellen von 200 Kilohertz im Wasser kleine Luftblasen entstehen. Bei deren Zerplatzen werden das Dioxin und andere im Wasser enthaltene Schadstoffe zersetzt. Als ich diesen Zeitungsartikel sah, war ich sehr aufgeregt, denn ich glaubte einen Hinweis darauf erhalten zu haben, wie man die Wirkungsweise der Energie der Wort-Seele erklären könne.

Ich könnte mir vorstellen, dass die Worte der von 350 Menschen am Biwa-See rezitierten »Großen Beteuerung« und die Absicht, für den Weltfrieden zu beten, sekundär Ultraschallwellen von 200 Kilohertz hervorgebracht haben. Da, wie der Name schon sagt, Ultraschallwellen in den nicht hörbaren Bereich fallen, kann man sie auch nicht mit der Stimme produzieren. Von der Interferenztheorie aus betrachtet, die besagt, dass Töne interferieren, die zueinander im Abstand einer Oktave stehen, könnte man allerdings annehmen, dass unter bestimmten Umständen solche Ultraschallwellen sekundär ausgesandt werden könnten.

Dies ist immer noch eine Hypothese, aber man muss zugeben, dass die Macht der Wort-Seele etwas Aufsehenerregendes ist.

Sollte sich diese Ultraschalltechnologie bewähren, so könnte ich mir denken, dass man die Wirkung verstärken könnte, indem man sie mit einer Technologie kombiniert, die die Schwingungen des Wassers reguliert. Ultraschall wirkt auf der materiellen Ebene, die Schadstoff-information ist aber noch im Wasser gespeichert. Um das Wasser vollständig zu reinigen, müsste ihm die Information mit jener Schwingung übertragen werden, die der Schwingung der verunreinigenden Stoffe entgegengesetzt ist.

Welche Möglichkeiten werden sich wohl durch die Erforschung der Wasserkristalle für die Zukunft eröffnen?

Dazu muss man sich Gedanken darüber machen, nach welchen Kriterien man Wasserkristalle wissenschaftlich untersuchen will. Wenn ich auf Vorträgen im Ausland Fotografien zeige, bekomme ich die verschiedensten Fragen gestellt. Zum Beispiel solch interessante Fragen wie die, ob Kristalle unterschiedliche Strukturen aufweisen, wenn sie beim Musikhören von einem digitalen Tonträger (CD) oder einem analogen Tonträger beschallt werden, oder wie es dann wohl bei einer Live-Aufführung aussehen würde. Um auch solche Fragen beantworten zu können, muss man dazu Hypothesen aufstellen und viele Versuche durchführen.

Die Fragen, die man an das Wasser stellt, sind also ein Thema. Ein weiteres, recht problematisches Thema ist die Wissenschaftlichkeit der Versuche. Um wissenschaftlich aussagekräftig zu sein, müssen die Versuche wiederholbar sein. Die Tatsache, dass die Wasserkristalle sich durch das Bewusstsein des Menschen verändern, haben wir immer wieder gesehen: Wir tropfen jeweils einen Tropfen des zu untersuchenden Wassers in fünfzig Petrischalen, aber durch die Art und Weise, wie der Tropfen fällt, und durch das Bewusstsein des den Versuch durchführenden Menschen gibt es ziemliche Unterschiede in der Form des erscheinenden Kristalls. Und während man dann die fünfzig Petrischalen der Reihe nach betrachtet, ändert sich der Zustand des Wassers nochmals von einem Moment zum anderen.

Unter solchen Bedingungen scheint es so gut wie unmöglich, die strenge Einheitlichkeit zu erreichen, die der sogenannten Wissenschaftlichkeit nachgesagt wird. Wir aber wollen mit unserer Methode möglichst wissenschaftliche Standards erfüllen.

Um zum Beispiel die durch das Bewusstsein des Menschen verursachten Veränderungen so gering wie möglich zu halten, benutzen wir die Blind-Methode.

Der Betrachter denkt, dass beim Wasser, das »Danke« gesehen hat und demjenigen, das »Dummkopf« gesehen hat, das »Danke« einen schöneren Kristall hervorbringen müsse. Es ist somit wahrscheinlich, dass sein Bewusstsein das Wasser beeinflusst.

Für die Untersuchung kennzeichnen wir das Wasser also nur mit A und B und klären erst im Nachhinein auf, welche Probe welches Wasser war. Mit dieser Methode dürfte das Bewusstsein des Betrachters kaum einen Einfluss mehr ausüben.

Bei der Beurteilung der Kristalle teilen wir die in den fünfzig Petrischalen beobachteten Formen in verschiedene Grundmuster ein, wie zum Beispiel: »schöner Kristall«, »Sechseck«, »unbestimmte Form«, »kein Kristall«, und zeigen die statistische Häufigkeit der auftretenden Formen grafisch auf. Außerdem wird jedes einzelne Muster nochmals nach einem festen Punkteschema danach bewertet, wie weit es seinem Grundmuster entspricht, so dass wir den Kristallen eine Punktzahl geben können. Auf diese Weise kann man mit einem Blick den tendenziellen Charakter eines Wassers – ob es kaum Kristalle ausbildet, oder sehr viele schöne Kristalle zeigt – erkennen. Dann wählen wir daraus eine Fotografie aus, welche die Besonderheit dieses Wassers am besten zeigt.

Die Wasserkristalle verändern sich auch je nach der körperlichen Verfassung und dem Gefühlszustand des Betrachters. Deshalb lassen wir dieselben Wasserkristalle von mehreren erfahrenen Betrachtern untersuchen.

Es ist das Ziel unserer Forschungen, unter Benutzung dieser Methode, mit etwas so empfindlichem wie dem Wasser umzugehen und die wertvollen Botschaften, die uns das Wasser übermittelt, weiterzugeben.

Der Bereich, in dem in der Zukunft die Wasserkristall-Technologie den Menschen am meisten Nutzen bringen wird, ist meines Erachtens das Gebiet der Erdbebenvorhersage. Vermutlich ist die Vorhersage möglich, weil das Wasser die Information über Spannungen in der Erdkruste am schnellsten aufnimmt und anzeigt. Um am schnellsten Resultate zu erhalten, wäre es meiner Meinung nach am besten, wenn man in jeder Region täglich eine Probe des Grundwassers entnehmen würde. Durch die Beobachtung der Ver-änderungen der Kristalle in den Tagen vor einem Erdbeben und die Analyse der entstandenen Bilder dürfte man gewisse, sich wiederholende Zeichen feststellen können. Ich bin mir sicher, dass sich ein signifikanter Unterschied in der Struktur der Kristalle zeigen wird.

Es ist vorstellbar, dass aufgrund solcher Daten dann die Voraussage der nächsten Erdbeben möglich sein wird.

Ich habe Großvater, Onkel und Tante mütterlicherseits beim großen Erdbeben in Tokio verloren, und wenn man den Schaden des großen Erdbebens von Kôbe, die anschließenden Spuren sowie die psychologischen Wunden der Menschen betrachtet, kann man gar nicht abschätzen, welch großen Nutzen die Entwicklung der Wasserkristall-Technologie zur Erdbebenvorhersage den Menschen bringen würde.

Diese Technologie ist nicht auf Erdbeben beschränkt, sondern kann auf den verschiedensten Gebieten angewandt werden, wie zum Beispiel in der Vorhersage von Naturkatastrophen wie Wirbelstürmen und Hochwasser oder außergewöhnlichen Wetterverhältnissen sowie in der Vorhersage der Verbreitung von ansteckenden Viren, oder in der Aufdeckung von geheimen militärischen Versuchen, die in anderen Ländern durchgeführt werden.

Eine weitere zukünftige Aufgabe ist die Weiterentwicklung, damit jeder ganz einfach Wasserkristallfotografien machen kann. Mittels einer Technologie mit einem neuen Material wird dies bald möglich sein. Dieses Material ist ein superwärmeleitendes Komponentenmaterial, das eine um das 25fache höhere Effektivität besitzt als die herkömmliche Wärmeleitung. Wenn man dies benutzt, kann man bei normalen Temperaturen Wasser gefrieren.

Dadurch entfällt die Notwendigkeit, die Fotografien bei einer Raumtemperatur von 5°C unter Null herzustellen. Auf der Basis dieser Technologie lassen wir gerade ein Gerät entwickeln, mit dem es jedem zu jeder Zeit möglich ist, Kristalle zu fotografieren.

In der Zukunft wird die Wasserkristall-Technologie gewiss ein gemeinsames Gut der Menschheit werden. Das kann allerdings auch ein zweischneidiges Schwert sein. Bei richtiger Anwendung wird sie der Menschheit unendlichen Wohlstand und Glück bringen. Sie darf aber nicht zur Befriedigung der eigenen Gier oder gar zum Schaden für andere Menschen benutzt werden.

Da wir aus Wasser bestehen, können wir ohne Wasser nicht überleben. Andererseits hat das Wasser auch die Macht, ganze Zivilisationen fortzuschwemmen und auszurotten. Das dürfen wir nicht vergessen. Alles hängt von der Einstellung der Menschen ab. Je nach unserer Einstellung können wir Glück kreieren oder uns selbst oder andere verletzen. Dies spiegeln die Wasserkristalle sehr deutlich.

Wie sollen wir also unser Leben führen?

Was ich immer betont habe, ist, wie wichtig Liebe und Dankbarkeit sind. Dankbarkeit weckt Gefühle der Liebe. Die Liebe führt zu einem Gefühl der Dankbarkeit. Wie das Wasser verbreitet sich das in der ganzen Welt.

Wir haben eine Mission zu erfüllen. Es ist die Mission, das Wasser in etwas Sauberes zu verwandeln und eine Welt zu schaffen, in der man gut leben kann. Dazu muss jeder Einzelne der gesamten Menschheit ein reines und sauberes Herz haben.

Bisher haben wir die Erde geplündert und sie verschmutzt. Das Wasser erinnert sich an jede Einzelheit dieser Geschichte. Und jetzt hat das Wasser zu sprechen begonnen. Das Wasser sendet uns durch die Kristalle eine Botschaft.

Genau jetzt müssen wir eine neue Geschichte schreiben. Das Wasser beobachtet still den Kurs der Menschheit. Auch Sie, die Sie gerade leben, werden vom Wasser beobachtet.

Was fangen Sie damit an? Bitte nehmen Sie möglichst viel von dem, was das Wasser lehrt, in sich auf. Dann erzählen Sie es bitte vielen Menschen weiter.

Epilog

Lassen Sie uns die Fantasie vom Wasser und dem Universum weiterspinnen.

Das Wasser kommt nach und nach aus den Weiten des Universums – als ich davon hörte, packte mich die Angst, denn ich dachte, wenn das Wasser auch weiterhin mit dieser Geschwindigkeit aus dem All eindringt, wird die Erde noch überflutet werden.

Es steht fest, dass die Menschheit im Laufe der Geschichte bereits mehrmals von Überschwemmungen heimgesucht worden ist. Unter den Mythen eines jeden Volkes dieser Welt gibt es mit an hundert Prozent grenzender Wahrscheinlichkeit eine Erzählung von einer großen Flut, und auch bei wissenschaftlichen Untersuchungen hat man Hinweise darauf gefunden, dass die Erde in der Vergangenheit von einer großen Flut heimgesucht worden ist. Die Geschichte Noahs, der Untergang von Atlantis und von Mu (legendärer Kontinent in Ostasien, A.d.Ü.) sind sicher nicht nur erfundene Geschichten.

Es heißt ja, dass sich die Geschichte wiederholt, und so muss man durchaus in Betracht ziehen, dass die Erde von der Gefahr einer neuerlichen Flut bedroht wird, sollte das Wasser fortwährend aus dem Weltall hereindringen.

Bis dahin mögen vielleicht noch viele tausend oder zehntausend Jahre vergehen, aber man müsste doch bereits jetzt vorsorglich irgendwelche Gegenmaßnahmen ergreifen. Schon heute wird laufend in den Nachrichten von Hochwasserkatastrophen in verschiedenen Gegenden der Welt berichtet.

Das alles kam mir dazu spontan in den Sinn, und während ich darüber nachdachte, was man wohl wegen des nach und nach kommenden Wassers unternehmen könnte, kam mir ein anderer Gedanke.

Das ganze Universum besteht aus sich wiederholenden Mustern (»Wie oben, so unten; wie im Großen, so im Kleinen«). Die Makro-Welt wird getreulich in der Mikro-Welt abgebildet, und das Universum ist ein riesiges Mandala. Davon ausgehend könnte man sich auch vorstellen, dass sich alles, was sich im Universum ereignet, auch in unserem menschlichen Körper ereignet.

Im menschlichen Körper durchläuft das Wasser einen Kreislauf. Wendet man das vorher beschriebene Analogiegesetz darauf an, so müsste auch das Wasser im Universum einen Kreislauf durchmachen. Denn würden die Wassermassen aus dem All ständig nur auf die Erde herabkommen, so würde der Fluss des Wassers des Universums aufgestaut werden.

Das bedeutet, dass sich das Wasser auf dem Weg über die Erde wieder ins Universum zurückbegeben müsste und sich auf einer endlosen Reise befinden würde. Ich nehme also an, dass sich das Wasser, das sich jetzt auf der Erde befindet, eines Tages wieder auf den Weg ins Weltall machen wird.

Was schließen wir daraus, wenn wir annehmen, dass das Wasser nach und nach ins Universum zurückgeschickt wird? Vielleicht fliegen die Eisklumpen nicht nur zu unserem Planeten, der Erde. Aber andere Planeten unseres Sonnensystems können das Wasser nicht speichern. Es gibt keinen weiteren Planeten, auf dem die Bedingungen, das Wasser zu speichern, so gegeben sind, wie auf der Erde.

Wenn man das Sonnensystem mit dem menschlichen Körper in Analogie setzt, stelle ich mir vor, dass die Erde darin die Rolle der Nieren spielt. Im menschlichen Körper werden täglich zweihundert Liter Wasser durch die Nieren gefiltert und, auf diese Weise gereinigt, an die anderen Organe geleitet.

So gesehen hat die Erde wohl die Aufgabe, das Wasser des Sonnensystems zu reinigen und wieder ins Universum zu senden.

Und wessen Aufgabe ist es, das Wasser, das auf die Erde kommt, zu reinigen?

Es ist die Aufgabe von uns Menschen. Warum? Weil wir selbst Wasser sind. Wir sind auf der Erde geboren und haben die Pflicht, das Wasser auf der Erde zu reinigen.

Wenn ich mir überlege, welch lange Reise das Wasser durch das Universum zurücklegt, beschäftigen mich folgende Gedanken: Woher kommt eigentlich der Mensch und wohin geht er?

Als ich daran dachte, dass der Mensch im Wesentlichen Wasser ist, lösten sich einige Zweifel auf. Die Information, die in dem Wasser, aus dem der menschliche Körper zu siebzig Prozent besteht, gespeichert ist, formt sicherlich unseren Charakter.

Ich hörte von jemandem, der nach einem Unfall eine Bluttransfusion erhielt und daraufhin plötzlich ihm unbekannte Landschaften sah; auch tauchten völlig fremde Erinnerungen in seinen Gedanken auf, und seine bisherigen Charaktereigenschaften änderten sich abrupt.

Die Ereignisse und Erlebnisse unseres Lebens werden im Wasser gespeichert und bleiben so in unserem Körper erhalten. Ist dies vielleicht dann das, was »Seele« genannt wird?

Die Seele, die Wiedergeburt, die Existenz des Geistes – es gibt noch viele ungelöste Fragen. Ich glaube daran, dass mit dem Fortschritt in der Erforschung des Wassers der Tag kommen wird, an dem solche Fragen wissenschaftlich geklärt werden.

Woher ist wohl die Seele gekommen? Ich glaube, dass sie mit dem Wasser aus den Weiten des Universums gekommen ist.

Und wohin werden wir nun gehen?

Wir sind Wasser. Wir werden wahrscheinlich eines Tages mit den auf der Erde gesammelten Erinnerungen auf die Reise ins Weltall gehen. Die uns übertragene Aufgabe besteht darin, vor unserem »Abflug« das Wasser auf der Erde zu reinigen.

Dazu müssen wir bei uns und unserer Lebensweise beginnen. Unser Bewusstsein muss das Wasser reinigen. Von ihm müssen an alle Lebewesen Botschaften von Schönheit und Kraft ausgesandt werden.

Gewiss wäre es dabei das Allerbeste, die Welt mit schönen Wasserkristallen zu überschütten.

Und was brauchen wir dafür? »Liebe und Dankbarkeit«. Bitte führen Sie sich doch noch einmal die Schönheit dieser Kristalle vor Augen. Wenn alle Menschen auf dieser Welt »Liebe und Dankbarkeit« ausstrahlen würden, könnte die Welt zu ihrer ursprünglichen Schönheit zurückfinden.

Wir beenden so unser kurzes Leben auf der Erde und begeben uns wieder zurück ins Universum. Wie dies geschieht, das weiß ich nicht. Überlassen wir das der großen Vorsehung des Universums. Natürlich werden wir das sicher nicht in unserem jetzigen Körper tun, sondern als Wasser, oder in einer Form des Wassers, wie zum Beispiel als Nebel.

Wenn ich nur noch Seele bin und losfliege, werde ich bestimmt alle aufrufen: »Sehr geehrte Damen und Herren, lassen Sie uns ins große Universum fliegen. Wollen wir als nächstes zum Mars fliegen?«

Projekt der Liebe und des Dankes
an das Wasser

Zur Reinigung des Wassers auf der Erde
durch unsere Gebete der Liebe und des Dankes

Wir wollen zum gesamten Wasser auf dem Planeten Erde »ich liebe dich« und »danke« sagen und es mit der höchsten Schwingung (HADO) der Liebe und des Dankes erfüllen, die wir je erfahren haben.

- Machen Sie bitte mit, wenn wir dem Wasser in unserem Körper, das unser Leben aufrechterhält und nährt, unsere Liebe und unseren Dank ausdrücken. Unser Körper besteht zu siebzig Prozent aus Wasser. Unsere Gesundheit beruht ganz wesentlich auf der Funktion des Wassers in unserem Körper.

- In einem zweiten Schritt wollen wir unsere Liebe und unsere Dankbarkeit allem Wasser auf dem Planeten Erde ausdrücken. Die Erdoberfläche ist zu siebzig Prozent mit Wasser bedeckt. Das Leben auf der Erde wird dadurch aufrechterhalten, dass das Wasser in unterschiedlicher Weise zirkuliert. Ohne Wasser gäbe es kein Leben auf der Erde.

Wir wünschen uns, dass diese Danksagung die ganze Erde umspannt und haben daher den 25. Juli zum »Welttag der Liebe und des Dankes an das Wasser« gewählt.

Wir haben die Vision, dass die Erde an diesem Tag von einem wunderschönen gold/silbernen Licht der Liebe und des Dankes erfüllt sein wird, das aus dem Herzen von jedem von uns fließt.

Gold/silbernes Licht ist eine der höchsten Schwingungen des sichtbaren Lichtes, und es wird alles Wasser auf der Erde reinigen und heilen. Diese Reinigung wird sich sowohl auf das Wasser der Ozeane als auch auf das unseres Körpers erstrecken.

Wir wollen dem Wasser unsere Liebe und unseren Dank aussprechen

- Stellen Sie ein Glas Wasser auf einen Tisch. Sagen Sie sanft zu dem Wasser »Ich liebe dich« und »Ich danke dir«. Gleichzeitig visualisieren Sie, dass alles Wasser auf der Erde miteinander verbunden ist. Sie können diese Zeremonie des Dankes auch gemeinsam mit Ihrer Familie oder Ihren Freunden durchführen. Ihre Liebe und Ihr Dank werden durch das Wasser in Ihrem Glas auf das Wasser der gesamten Erde übertragen.

- Wenn Sie Ihre Hände unter fließendes Wasser halten, sei es beim Duschen, Geschirrspülen, Wäschewaschen oder während Sie Reis oder Gemüse waschen, können Sie sich ganz einfach vorstellen, dass die Schwingung der Liebe und des Dankes aus Ihrem Herzen in den Brustkorb, die Schultern, die Arme und durch Ihre Handflächen, die das Wasser berühren fließt bis in das Wasser in der Wasserleitung. Ihre Schwingung wird ganz leicht gegen den Strom durch das gesamte Leitungssystem bis zur Quelle fließen. Sie wird als Dunst in die Wolken aufsteigen und mit dem Regen die Meere und Gewässer erreichen. Schließlich wird das gesamte Wasser auf dem Planeten Erde mit der Liebe und dem Dank erfüllt sein, die von Ihrem Herzen ausgegangen sind. Dies ist eine sehr einfache Methode, Sie können sie täglich ausführen, immer wenn Sie Wasser verwenden.

- Möchten Sie die Zeremonie in einer größeren Gruppe praktizieren, können Sie sich um einen Teich, einen See, an einem Flussufer oder am Meeresstrand versammeln. Bilden

Sie einen Kreis, fassen Sie sich an den Händen und sprechen Sie die Worte des Dankes und der Liebe. Denken Sie daran, dass die Kraft eines Gebetes proportional zum Quadrat der Anzahl der beteiligten Menschen ist. Sie können dieser Zeremonie Ihre eigenen Gebete hinzufügen, die Ihre Liebe und Ihren Dank an das Wasser auf unserem Planeten ausdrücken.

• Wenn die Schwingung der Liebe und des Dankes aus Ihrem Herzen fließt, können Sie fühlen, wie sich in Ihrem Herzbereich Wärme ausbreitet. Dies ist ein Ausdruck des universellen Gesetzes: »Was du gibst, wirst du empfangen«.

Ergänzen Sie die Liebe und den Dank mit Visualisationen

Wir wollen uns vorstellen, dass die Schwingung der Liebe und des Dankes in Form von gold/silbernem Licht auf das Wasser übertragen wird. Das gesamte Wasser der Erde strahlt wunderschön. Schließlich erstrahlt der ganze Planet genauso hell. Alles, was mit der höchsten Schwingung des Lichtes erfüllt ist, wird harmonisiert und geheilt. Wir wollen uns das Gesicht jedes Menschen auf der Erde mit einem strahlenden Lächeln vorstellen.

Senden Sie Liebe und Dank an das Wasser in bestimmten Regionen

• Es wäre schön, gerade jetzt unsere Liebe und unseren Dank an den Jordan zu senden. Viele Israelis und Palästinenser leben an diesem Fluss. Unser Gebet der Liebe und des Dankes wird die Schwingung des Wassers dort anheben. Es gibt keine Staatsgrenzen für den Weg des fließenden Wassers. Mit Sicherheit trinken Menschen auf beiden Seiten des Jordan Wasser, das von diesem Fluss stammt, und so wird ihr Körper mit der Schwingung der Liebe und des Dankes erfüllt, die wir ausgesandt haben. Dann wird denjenigen, die in Krieg und Terrorismus verwickelt sind, bewusst werden, was sie tun: »Warum legen wir nicht einfach die Waffen nieder und leben in Frieden miteinander?«

- Außer am Jordan gibt es weitere Gebiete, in welchen Kriege und Konflikte herrschen, wie in Indien und Pakistan, Afghanistan, Amerika und im Irak sowie in afrikanischen Staaten. Wir wollen Liebe und Dank an das Wasser in Regionen, in denen viele Menschen unter Schmerzen leiden und Sorgen haben, senden. Es wird sich in heilendes Wasser verwandeln, und alles wird von der Schwingung der Liebe und der Harmonie erfüllt sein.

- Jene, die an Kriegen beteiligt sind und jene, die unter Kriegen leiden – alle sind Teil von uns selbst, denn alles Bewusstsein ist miteinander verbunden und EINS.

- Es heißt, der Friede muss im Herzen jedes einzelnen Menschen beginnen. Wir wollen unsere Herzen mit der Schwingung der Liebe und des Dankes erfüllen. Dann stellen wir uns vor, dass diese Schwingung wie eine nie versiegende Quelle auf die ganze Erde überfließt.

Die Auswirkungen unseres Bewusstseins auf das Wasser

Unser Bewusstsein hat tatsächlich Einfluss auf das Wasser. Dieser Einfluss wird besonders dann sehr kraftvoll sein, wenn wir alle unser Bewusstsein bündeln und auf das gleiche Ziel ausrichten. Es wirkt dann wie ein Laserstrahl, der sogar die Mondoberfläche erreichen kann.

Im Sommer 1999 haben sich hunderte von Menschen am Ufer des Biwa Sees, der im Zentrum Japans liegt, versammelt und für Frieden und Harmonie im Universum gebetet. Nach einem Monat berichtete die Lokalzeitung, dass sich die Anwohner in diesem Sommer zum ersten Mal nicht über einen penetranten Geruch beschwert hatten, der seit Jahren durch das enorme

Wachstum einer fremden Alge hervorgerufen worden war und unter dem sie jeden Sommer gelitten hatten.

Dies ist die Kraft des menschlichen Bewusstseins.

Das Bewusstsein jedes Einzelnen verändert die Welt

Jeder Einzelne erschafft mit seinem Bewusstsein die Welt. Wenn die Erde von der Schwingung der Liebe und des Dankes erfüllt ist, erleben wir eine Welt voller Liebe und Dankbarkeit.

Projekt, das am 25. Juli 2002 stattgefunden hat

Nachdem wir ursprünglich geplant hatten, den ersten »Welttag der Liebe und des Dankes für das Wasser« am 25.Juli 2003 zu begehen und dieses Vorhaben auf unserer Homepage angekündigt hatten, erhielten wir zahlreiche Zuschriften mit dem Vorschlag, bereits am 25. Juli 2002 die erste Liebe- Dank- Zeremonie für das Wasser durchzuführen.

Auch wenn die Zeit knapp war, entschlossen wir uns dafür, und das war gut so, wie wir aus der überwältigenden Reaktion sehen konnten. Die Information verbreitete sich rasant und so beging eine große Anzahl von Menschen in allen Teilen der Welt diesen Festtag. Manche fanden sich zu organisierten Heilritualen an Seen, Flüssen oder Staudämmen zusammen, andere feierten und beteten mit der Familie oder alleine. Doch unabhängig von den äußeren Umständen lassen die Berichte, die uns zahlreiche Teilnehmer von diesem Ereignis und ihren Erlebnissen sandten, erkennen, wie tief es sie berührt hat. Viele konnten spüren, welch heilende Wirkung ihre Gebete auf das Wasser und den umgebenden Ort hatten. Es wurde aus den Zuschriften ebenfalls klar, dass ein lebhaftes Interesse an regelmäßigen Zeremonien besteht. Wir erhielten auch viele Vorschläge für weitere Wasserforschungen und Projekte.

Vorhaben zwischen dem 25. Juli 2002 und dem 25. Juli 2003

- Ich werde verschiedene Länder und Städte besuchen, um Vorträge über das Wasser zu halten und werde den Menschen auf der ganzen Welt von diesem Projekt der Liebe und des Dankes an das Wasser berichten und sie bitten, daran teilzunehmen.

- Wir sind dabei, unsere Homepage weiter zu verbessern, und wir versuchen, ein weltweites Netz der Zusammenarbeit mit Bürgern, Basisorganisationen, örtlichen Selbstverwaltungsgruppen, verschiedenen Erziehungseinrichtungen, den Vereinten Nationen, verschiedenen metaphysischen Organisationen, religiösen Gruppen und wissenschaftlichen Gruppierungen aufzubauen und sie zu bitten, sich unserem Projekt anzuschließen. Wenn Sie persönlich oder als Organisation mit den Zielen dieses Projektes einverstanden und bereit sind, dabei mitzuwirken, lassen Sie es uns bitte über die unten angegebene Website wissen.

- Wie schon vorher erwähnt, wollen wir am 25. jeden Monats eine kleine Zeremonie veranstalten, um unsere Liebe und unseren Dank an das Wasser zu senden und das Bewusstsein allmählich anzuheben. Es wäre von Vorteil, die Schwingung gleichzeitig auszusenden. Wir schlagen drei Zeiten vor, und zwar: 7:00 Uhr, 13:00 Uhr und 19:00 Uhr (Ortszeit an Ihrem Wohnort). Bitte senden Sie Liebe und Dank, am besten zu einer dieser Zeiten an das Wasser, und geben Sie bitte die Information an alle Interessierten weiter. Vielen Dank für Ihre Mitarbeit.

Vorhaben für den 25. Juli 2003

- Es steht noch nicht endgültig fest, aber wir planen, am 25. Juli 2003 bei oder nahe der Quelle des Flusses Jordan eine »Zeremonie der Hingabe unserer Liebe und unseres Dankes an das Wasser« abzuhalten. Einer der möglichen Orte ist in der Nähe des Sees Genezareth.

- Sie können an dieser Zeremonie direkt teilnehmen. Sie können aber auch zu den Zeiten der Zeremonie, wie oben angegeben, Ihre Liebe und Ihren Dank an das Wasser der Erde von dem Ort aus senden, an dem Sie sich gerade befinden. Beides ist möglich. Beides ist gleichermaßen wichtig und effektiv, und wir würden gerne beide Möglichkeiten verbinden.
- Wir bitten wissenschaftliche Labors und Institutionen vor und nach dem 25. Juli 2003 verschiedene Parameter und Charakteristika zu messen, um zu beweisen, dass das menschliche Bewusstsein das Wasser verändert. Wenn Sie dabei persönlich oder als Organisation mit uns zusammenarbeiten können, lassen Sie es uns bitte wissen.

Langzeitvorhaben für die nächsten 10 Jahre
- Wir haben die Absicht, eine internationale, gemeinnützige, das heißt, nicht auf Gewinn ausgerichtete Organisation aufzubauen.
- Wir schlagen vor, den 25. Juli als »Welttag der Liebe und des Dankes an das Wasser« festzulegen und zum internationalen Feiertag zu erklären.
- Wir möchten durch die allmähliche Anhebung des kollektiven Bewusstseins der Menschheit zur Verwirklichung des Weltfriedens beitragen.

Unsere Bitte an Sie
- Wenn Sie mit dem Anliegen dieses Projekts einverstanden sind – würden Sie bitte so vielen Menschen wie möglich davon erzählen?
- Wir sind dabei, einen Flyer zu gestalten, den Sie verteilen oder per Fax versenden können. Wir werden ihn später zur

freien Entnahme auf unsere Homepage laden. Bitte bedienen Sie sich.

- Falls Sie eine öffentliche Veranstaltung oder Zeremonie zum gleichen Thema wie unser Projekt planen, teilen Sie es uns bitte mit. Wenn Sie uns eine kurze Zusammenfassung Ihres Vorhabens zusenden, werden wir es gerne auf unserer Homepage ankündigen. Machen Sie bitte wirkungsvollen Gebrauch von dieser Website.

Ihre Berichte

Wir würden gerne Berichte über Veranstaltungen und Zeremonien, die Sie durchgeführt haben, in unsere Homepage stellen. Es spielt keine Rolle, wie klein oder groß Ihre Veranstaltung war. Bitte senden Sie uns folgende Informationen per E-Mail:

- Ort der Veranstaltung: Name des Landes, Bundeslandes, Stadt, ob zu Hause oder am Arbeitsplatz. Name des Flusses oder Sees.
- Name der/des Repräsentantin/en Ihrer Gruppe und Anzahl der beteiligten Personen. Wenn Sie anonym bleiben wollen, teilen Sie uns das bitte mit.
- E-Mail-Adresse und Homepage-Adresse (wenn vorhanden) der/des Repräsentantin/en. Wenn Sie diese nicht veröffentlicht haben wollen, teilen Sie uns das bitte deutlich mit. Beides ist möglich. Es kann jedoch sein, dass wir mit Ihnen Kontakt aufnehmen möchten, deshalb wäre es gut, wenn Sie uns diese Informationen geben könnten.
- Fotos von der Veranstaltung: Es wäre wünschenswert, wenn Sie uns eine Digitaldatei, die mit einer Digitalkamera aufgenommen wurde, als Anhang an die E-Mail senden könnten. Falls das nicht möglich ist, senden Sie uns Ihr Foto über Snailmail an die unten angegebene Adresse. Wir werden es scannen und in die Homepage stellen. Es kann sein, dass wir

die Größe des Fotos entsprechend der Aufmachung unserer Homepage verändern.

- Ihr Bericht in der Länge von 5 bis 10 Zeilen sollte eine kurze Zusammenfassung des Ablaufs der Veranstaltung und Ihrer damit verbundenen Gefühle beinhalten.

Sponsoren

Wir laden Sponsoren ein, dieses Projekt zu unterstützen. Unsere Absichten und Aktivitäten, die aktuellen sowie die in Planung befindlichen, sind wie folgt:

- So viele Menschen wie möglich von der Wichtigkeit und Bedeutsamkeit, dem Wasser Liebe und Dank zu spenden, zu informieren. Gleichzeitig weiten wir das Wasser-Liebe-Dank-Netzwerk auf die ganze Erde aus.
- Den Menschen in der Welt eindringlich klarzumachen, dass es völlig natürlich ist, Liebe und Dankbarkeit an das Wasser zu geben und sie dazu anzuregen, dies in ihr tägliches Leben zu integrieren.
- Termine über Gebete und Zeremonien für das Wasser an den verschiedenen Orten der Welt auf unserer Homepage anzukündigen und Veranstalter und Teilnehmer miteinander zu vernetzen.
- Eine Datenbank mit Informationen über das Wasser in verschiedenen Orten und Regionen der Welt zu erstellen.
- Im Internet ein virtuelles Institut aufzubauen, das die Daten über die Wechselwirkung zwischen Wasser und menschlichem Bewusstsein und im erweiterten Sinn über die Wechselwirkung zwischen Materie und Bewusstsein sammelt.
- Das kollektive Bewusstsein der Menschheit so weit anzuheben, dass es zum selbstverständlichen Basiswissen geworden ist, dass das menschliche Bewusstsein die Materie verändert und die Welt erschafft.

- Durch diese Aktivitäten einen Beitrag zur Verwirklichung des Weltfriedens zu leisten.

Wenn Sie mit den Absichten dieses Projektes einverstanden sind und persönlich oder als Organisation Sponsor(in) sein wollen, lassen Sie es uns bitte wissen.

Projekt der Liebe und des Dankes an das Wasser
Präsident: Masaru EMOTO
Dipl.-Ing. Rasmus Gaupp-Berghausen
9487 Gamprin/ Liechtenstein, Hoef 2/3
Telefon: +423-3730220
Fax: +423-3730222
Email: office@www.hado-life-europe.com
Homepage: www.hado-life-europe.com

Über den Autor

Masaru Emoto wurde im Juli 1943 in Yokohama geboren, ist verheiratet und hat 3 Kinder. Er graduierte an der Universität von Yokohama im Fachbereich Sozialwissenschaften mit dem Schwerpunkt Internationale Beziehungen. Die Open International University verlieh ihm 1992 den Doktortitel in Alternativer Medizin.Im Austausch mit amerikanischen Kollegen erfuhr er von dem in den USA entwickelten Microcluster Wasser und der Technologie der Magnetfeldresonanz-Analyse. In seiner Tokioer Praxis untersuchte er daraufhin jahrelang Patientendaten auf Gemeinsamkeiten bzgl. Krankheitsbild und Therapieverlauf. Die Tatsache, dass der menschliche Körper zu siebzig Prozent aus Wasser besteht zugrunde gelegt, führten seine weitergehende Überlegungen zu der Erkenntnis, dass somit ein Verstehen der Eigenschaften des Wassers (vorrangig des Bindungsverhaltens sowie der Speicherkapazität der Wassermoleküle in Bezug auf Energien) und eine gezielte Einwirkung darauf der kürzestmögliche Heilungsweg sein müsste. Seitdem gilt sein ganzes Streben dem Ergründen des wahren Wesens des Wassers - jenseits von chemischen Analysen und Nutzungsstrategien... Emotos weltweite Wasser-Untersuchungen waren seit jeher von ungewöhnlichen Denkansätzen geprägt. In langjährigen Studien und komplexen Versuchsreihen zeigte er auf, dass sich die eigentliche Qualität des Wassers, die sich Laboranalysen entzieht, sich in seinen Eiskristallen jedoch offenbart. Und dies in einer für jeden nachvollziehbaren Deutlichkeit. Seine Arbeit ist in den letzten Jahren weltweit auf großes Interesse gestoßen und Masaru Emoto erfuhr international Anerkennung in allen Schichten; vom »ganz normalen Menschen« bis hin zu universitären Kreisen veränderte Masaru Emoto unser Verständnis vom Wasser. Seine Forschungsarbeiten dauern an und sind in zahlreichen Büchern veröffentlicht.

Masaru Emoto
Wasser und die Kraft des Gebets

TB- XL, 160 Seiten
ISBN 978-3-86728-125-6

Nach Jahren intensiver Beschäftigung mit dem Element, das für unser Leben unverzichtbar ist, weiß Masaru Emoto mit Sicherheit: Gedanken und Worte verändern das Wasser und die Welt! Und: Gebete bewegen die Wasserkristalle dazu, sich zu feinsten »Mandalas« zu formen, die zum Meditieren anregen – ja, Gebete bergen das Potenzial, uns eine gute Zukunft zu schaffen! In diesem Buch zeigt er anhand wunderschöner Aufnahmen die Verwandlung des Wassers und beweist damit, welch eine heilsame Macht in den Schwingungen der Liebe, der Dankbarkeit und des Respekts verborgen liegt.

Masaru Emoto
Die Antwort des Wassers, Band 2

TB, 192 Seiten, davon 64 farbig
ISBN 978-3-86728-187-4

Ein weiterer Band mit neuen, faszinierenden Wasserkristallbildern, die wie Mandalas zum Träumen und Meditieren einladen und die das Wasser in uns anregen, in Synchronizität zu schwingen. Folgen Sie Masaru Emoto in den Mikrokosmos der Wasserkristalle, die ein Spiegel für den Zustand des Makrokosmos sind, und entwickeln Sie Achtsamkeit für das lebendige Wasser in Ihnen und der Welt. Ein Buch mit eindrucksvollen Bildern und Texten, die nachdenklich machen und vielleicht neue Horizonte eröffnen.